HISTORIQUE

DE LA PROPRIÉTÉ

DES BREVETS D'IMPRIMEUR

PAR JULES DELALAIN

IMPRIMEUR.

DEUXIÈME ÉDITION
AUGMENTÉE DE NOUVEAUX DOCUMENTS
ET DE PIÈCES JUSTIFICATIVES.

PARIS.
TYPOGRAPHIE DE J. DELALAIN
RUE DES ÉCOLES.

Novembre 1869.

HISTORIQUE

DE LA PROPRIÉTÉ

DES BREVETS D'IMPRIMEUR

PAR JULES DELALAIN

IMPRIMEUR.

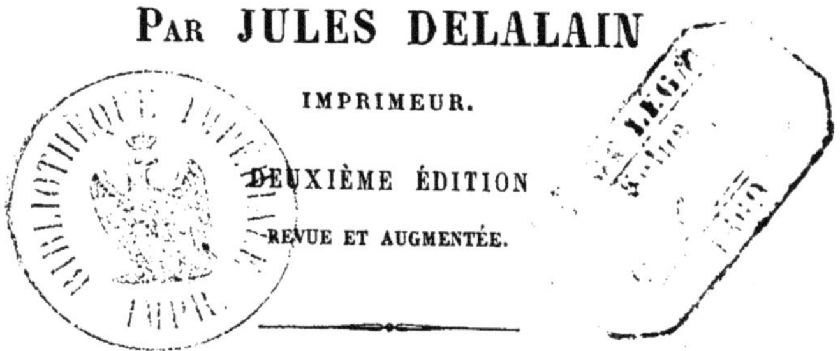

DEUXIÈME ÉDITION

REVUE ET AUGMENTÉE.

« L'Empereur veut restituer à la plus belle découverte de nos temps modernes son lustre « et sa dignité; il veut trouver dans les imprimeurs des espèces d'officiers ministériels de « la pensée, qui soient parmi les hommes, pour la transmission des lumières, ce que « sont les notaires pour la transmission des propriétés. »

(Comte PORTALIS, conseiller d'État, directeur général de l'imprimerie et de la librairie. Lettre-circulaire du 18 juillet 1810 aux préfets de l'Empire.)

« Si la liberté indéfinie de la presse est nécessaire au bien public, le gouvernement doit « abolir le privilége des imprimeurs; mais la justice, base principale de la liberté, défend « d'anéantir dans leurs mains leur propriété, sans qu'ils reçoivent une indemnité préalable. »

(M. FIRMIN DIDOT, député. Discours prononcé dans la séance du 12 novembre 1830.)

PARIS.

TYPOGRAPHIE DELALAIN ET FILS

RUE DES ÉCOLES.

Décembre 1869.

A MES CONFRÈRES

LES IMPRIMEURS DE FRANCE

HOMMAGE

DE SYMPATHIE ET DE DÉVOUEMENT.

Quelques personnes paraissent s'étonner de l'ardeur que les imprimeurs mettent à affirmer leur droit de propriété et de leur peu d'enthousiasme pour la liberté de leur profession. Cependant, quoi de plus légitime que de défendre une situation acquise au prix de sacrifices importants et devenue le patrimoine sacré de nos familles? Puis, ne savons-nous pas par expérience qu'à mesure qu'on élargit la liberté de la presse et de l'imprimerie, on maintient et on augmente le nombre des sujets de contravention et la longue liste des pénalités qui nous frappent : nous en avons eu la triste preuve sous la première République comme sous la seconde, sous le gouvernement de Juillet comme sous le second Empire, depuis la peine de mort et les galères jusqu'à l'amende de cinquante mille francs. Il n'y a donc rien de surprenant que nous n'aspirions pas à des libertés obtenues à un tel prix.

HISTORIQUE

DE LA PROPRIÉTÉ DES BREVETS

D'IMPRIMEUR EN LETTRES.

L'Imprimerie, cet art divin selon l'expression même de Louis XII[1], fut comblée à son début de toutes les faveurs des souverains; mais cet enthousiasme ne dura pas longtemps. La pratique de l'art, en même temps qu'elle leur en déroulait les admirables résultats, leur en faisait apercevoir les grandes licences. En effet, comme l'a dit notre confrère Crapelet dans ses *Études sur la Typographie*, « l'imprimerie est aujourd'hui dans l'ordre social ce que sont les éléments « dans la nature; et comme elle les réunit tous, sa puissance est prodigieuse. C'est un feu qui éclaire ou qui brûle; c'est une terre qui « produit de bons ou de mauvais fruits; c'est l'eau qui fertilise ou un « torrent qui renverse; c'est l'air qui vivifie ou qui tue. » Aussi l'imprimerie a-t-elle été considérée de tout temps comme une industrie exceptionnelle et constamment soumise à un régime tout spécial.

1. Le roi déclare qu'il veut que les imprimeurs jouissent entièrement de leurs libertés, priviléges, franchises et exemptions, « pour la considération, dit-il, du « grand bien qui est advenu en nostre royaume au moyen de l'art et science de « l'impression, l'invention de laquelle semble estre plus divine que humaine, « laquelle, graces à Dieu, a esté inventée et trouvée de nostre temps..... »

Découverte en 1440 par Guttemberg, l'imprimerie s'introduisait à Paris au commencement de l'année 1470. Louis XI encouragea ses débuts. Successivement Charles VIII en 1488, Louis XII en 1513[1], François Ier en 1515, consacrèrent et étendirent les privilèges et les immunités des imprimeurs. Ce fut l'âge d'or de l'imprimerie : il ne fut pas de longue durée. Bientôt l'agitation causée par la Réforme, qui commençait à se répandre en France, donna lieu, sous François Ier, à un édit par lequel il fut « défendu à tous les imprimeurs de France de publier aucun livre sans que le recteur de l'Université et les doyens des Facultés supérieures en fussent avertis, » et par lequel « le recteur fut chargé de choisir deux maîtres dans chaque faculté, pour examiner et censurer au besoin les nouveaux livres, chacun dans son département. » Ce fut l'origine des permissions et privilèges d'impression et la première entrave apportée à l'exercice de la profession d'imprimeur. Cette censure préalable ne suffisant pas pour empêcher les écarts et les licences de la presse, une sorte de garantie est exigée pour la première fois des imprimeurs sous Henri II. Un édit de 1547 ordonna que « le nom et surnom de celui qui a fait le livre soit exprimé ou apposé au commencement du livre, et aussi celui de l'imprimeur avec l'enseigne de son domicile. » Cette garantie ne fut pas encore suffisante. Un autre édit de 1551 établit sur les imprimeries une première surveillance, en prescrivant la visite de ces établissements par l'Université. Quelques années plus tard, cette surveillance était remise aux syndics et adjoints des imprimeurs et libraires.

Jusqu'alors les édits des souverains avaient été plutôt réglementaires que comminatoires; mais les excès commis par la voie de la presse pendant les guerres civiles qui désolèrent la France au seizième siècle, firent introduire pour la première fois, dans ces édits, les peines les plus sévères, le fouet, la strangulation. Ce fut dans ce but que

1. Par l'édit de 1513, Louis XII plaçait l'imprimerie sous la sauvegarde de l'Université.

Charles IX publia successivement les édits de 1561, 1563, 1566 et 1571, qui enjoignaient en même temps de « n'imprimer aucuns livres nouveaux sans la permission du roi par lettres patentes du grand chancelier[1]. » En 1626, des lettres patentes de Louis XIII renouvelaient les principales prescriptions des édits précédents. Plus tard, en 1686, Louis XIV publiait un édit général pour la réglementation des imprimeurs et libraires.

Plus l'autorité multipliait ses édits et ses prescriptions, plus on cherchait à les éluder. Pour éviter les pénalités et la surveillance, on avait des presses secrètes dans des lieux retirés, et on y imprimait, sous la rubrique de *La Haye* ou d'*Amsterdam*, tout ce qu'on voulait, pamphlets politiques, libelles immoraux, contrefaçons. Le système des pénalités et celui de la surveillance n'ayant pas remédié au mal, le gouvernement chercha un autre mode de réglementation pour l'imprimerie. Ce fut alors, qu'afin de rendre plus efficace la surveillance des imprimeries, qui lui semblait chaque jour plus nécessaire dans l'intérêt de l'État, de la morale publique et de la propriété littéraire, le gouvernement adopta le principe de la limitation du nombre des imprimeries et détermina le nombre des imprimeurs qui auraient le droit d'exercer cette profession dans chaque localité. La mesure ne fut d'abord appliquée qu'à une seule ville, à Toulouse, pour laquelle le nombre des imprimeurs fut fixé à 12 par un édit de Louis XIII en date du 11 mai 1622. La guerre civile, qui divisait à cette époque le Midi, ne fut pas étrangère à cette mesure. Plus tard, sous Louis XIV, en 1686, 1688 et 1695, des édits séparés fixèrent le nombre des imprimeries pour Paris (36), Bordeaux (12) et Lyon (18). Quelques années après, un arrêt du conseil, du 21 juillet 1704, non-seulement confirmait la fixation du nombre des imprimeries

1. L'édit de 1561 porte « que tous imprimeurs, semeurs et vendeurs de placards « et libelles diffamatoires soient punis pour la première fois du fouet, et pour la « seconde de la vie. » Celui de 1563 prescrit « d'imprimer aucuns livres.... sans per- « mission dudit seigneur Roy, sur peine d'estre pendus ou estranglez. »

déterminé par les édits ci-dessus, mais réglait aussi le nombre de celles qui pourraient exister dans les autres villes. Quelques rectifications à ce premier travail avaient lieu par nouvel arrêt du conseil, en date du 31 mars 1739, lequel fixait ainsi régulièrement le nombre des imprimeurs pour chaque ville. Quelques années auparavant, le 28 février 1723, Louis XV avait donné à l'imprimerie un règlement général qui résumait la législation antérieure.

La limitation du nombre des imprimeurs subsista jusqu'à l'époque de la Révolution française. Un décret du 17 mars 1791 supprima les jurandes et les corporations; il portait qu'il « sera libre à toute personne de faire tel négoce, d'exercer telle profession, art ou métier, qu'elle trouvera bon. » Les constitutions du 14 septembre 1791 et du 24 juin 1793 confirmèrent cette liberté. Il suffit alors de payer patente pour exercer la profession d'imprimeur. On crut un instant au retour de l'âge d'or : l'illusion ne fut pas de longue durée. En effet, cette situation trop favorable à l'anarchie, surtout dans des temps de trouble, ne pouvait subsister longtemps. Dès le 31 juillet 1790, l'Assemblée nationale décrétait « qu'il serait donné ordre de poursuivre comme criminels de lèse-nation tous auteurs, imprimeurs et colporteurs d'écrits excitant le peuple à l'insurrection contre les lois, à l'effusion du sang et au renversement de la Constitution. » Quelques jours après, le 10 août, « l'Assemblée, justement indignée de la licence à laquelle plusieurs écrivains se sont livrés dans ces derniers temps, chargeait le comité de constitution et celui de jurisprudence criminelle réunis de lui présenter incessamment le mode d'exécution de son décret du 31 juillet. » Le 21 juillet 1792, l'Assemblée législative, « considérant que l'abus qu'on faisait de la liberté de la presse ne saurait être trop tôt réprimé, décrétait de nouveau que le pouvoir exécutif exercerait des poursuites. »

Mais en l'absence de surveillance, les imprimeurs échappaient à toute poursuite et continuaient à imprimer impunément des libelles incendiaires dans des ateliers ignorés de l'autorité administrative[1]. Un tel état de choses devait ramener naturellement aux mesures préventives et aux pénalités les plus sévères. Sous la Convention nationale commencèrent les premières mesures pénales au sujet de l'exercice de l'imprimerie : elles furent terribles. Aux termes d'un décret du 29 mars 1793, « quiconque était convaincu d'avoir composé ou imprimé des ouvrages qui provoquaient la dissolution de la représentation nationale, le rétablissement de la royauté ou de tout autre pouvoir attentatoire à la souveraineté du peuple, était traduit au tribunal extraordinaire et puni de mort[2]. » Sous le Directoire, une autre loi du 28 germinal an IV (17 avril 1796), portait « qu'aucun écrit ne serait imprimé sans le nom de l'auteur et le nom et la demeure de l'imprimeur, sous peine de six mois à deux années de prison ; qu'en cas de non-indication du nom de l'auteur d'un écrit contenant des provocations criminelles ou portant de fausses indications de nom, l'imprimeur serait puni de deux années de fers, et en cas de récidive, qu'il serait puni de la déportation[3]. » Une loi du 19 fructidor an V (5 septembre 1797), dans le but de réprimer les écarts de la presse, plaçait les imprimeurs sous l'inspection de la police, qui pouvait user à leur égard du droit de prohibition, dans les termes de l'article 355 de la Constitution de l'an III. Sous le Consulat, une loi du 12 messidor an VIII (1er juillet 1800) chargeait de nouveau le

1. On trouvera d'instructifs détails sur les excès de la presse pendant cette période révolutionnaire, dans l'*Histoire de l'Imprimerie* par notre confrère Paul Dupont (Tome Ier, page 217).

2. Le décret du 29 mars 1793, rendu par la Convention nationale, s'exprime ainsi : « Art. 1er. Quiconque sera convaincu d'avoir composé ou imprimé des ouvrages « ou des écrits qui provoquent la dissolution de la représentation nationale, le ré- « tablissement de la royauté ou de tout autre pouvoir attentatoire à la souveraineté « du peuple, sera traduit au tribunal extraordinaire et puni de mort. »

3. La loi du 28 germinal an IV, rendue par le Directoire, s'exprime ainsi : « Art. 8. Dans le cas où l'auteur ne serait point indiqué par les imprimeurs, ven- « deurs, distributeurs, colporteurs et afficheurs, ainsi que dans le cas où les « indications qu'ils auraient données se trouveraient fausses ou porteraient soit « sur un étranger, soit sur une personne non domiciliée, ils seront punis de deux « années de fers ; en cas de récidive, ils seront punis de la déportation. »

préfet de police de l'exécution des lois de police sur l'imprimerie. La Constitution de l'an XII renouvelait ces prescriptions en confiant la surveillance de la liberté de la presse à une commission nommée par le Sénat et choisie dans son sein. L'imprimerie passait alors sous l'autorité du chancelier de France, ministre de la justice.

Le premier soin de Napoléon, en arrivant à l'Empire, avait été de remettre de l'ordre dans la législation et l'administration. C'est ainsi qu'il avait confié aux jurisconsultes les plus éminents la rédaction d'un nouveau code de lois, et qu'il fit préparer par le conseil d'État des règlements d'administration publique pour l'organisation des principales administrations et corporations, et des industries spéciales dont l'exercice touchait aux grands intérêts de l'État ou de la société. L'imprimerie fixa la première l'attention de l'Empereur, qui acheva la réorganisation du régime de l'imprimerie, commencée sous le Directoire et continuée sous le Consulat. Des pénalités avaient été édictées; la surveillance avait été rétablie; le décret-loi du 5 février 1810 achevait cette œuvre, en revenant au régime de la limitation du nombre des imprimeurs, tel qu'il existait avant 1789.

Nous nous sommes étendu aussi longuement sur ces variations du régime de l'imprimerie, afin de montrer l'ensemble et l'analogie des mesures restrictives que des gouvernements différents avaient dû prendre, à deux siècles de distance, contre les écarts et les licences de la presse, pour garantir la sûreté de l'État et de la société, pour protéger la morale publique, pour empêcher les contrefaçons. Les pénalités les plus sévères (le fouet, la strangulation) avaient d'abord été vainement édictées; puis, une certaine surveillance avait été constituée sans plus de succès. C'est alors qu'on recourut au mode de limitation, qui se maintint avec avantage pendant un siècle et demi. Un instant, la révolution de 1789 détruisit toute cette organisation; l'imprimerie, comme les autres industries, fut déclarée libre et affranchie de toute entrave; mais il se passait à peine quelques mois, que la Convention nationale et le Directoire étaient forcés de prendre des mesures contre cette liberté sans limites ni surveillance. Successivement le gouvernement de la République avait dû établir les plus terribles pénalités (les galères, la mort), une haute surveillance, l'obligation de la mention du nom de l'imprimeur, etc. Napoléon fut ainsi conduit à achever cette œuvre de réorganisation en revenant à la limitation du nombre des imprimeurs, qui seule pouvait assurer une surveillance efficace et prévenir les abus.

Revenons au décret-loide 1810. Jamais un acte législatif del'autorité souveraine ne fut fait avec plus d'études et de maturité que ce décret-loi, qui a fondé le régime nouveau de l'imprimerie, basé sur la imitation du nombre des imprimeurs. Rien de plus intéressant que de suivre la discussion de ce décret-loi au conseil d'État, dans le recueil publié par M. le baron Locré[1]. Dix séances du conseil furent consacrées à sa discussion; elles furent toutes présidées par Napoléon, qui prit fréquemment la parole.

La première séance eut lieu le 26 août 1808; la dixième et dernière, le 13 janvier 1810. A la première séance, M. le comte Regnaud, au nom de la section de l'intérieur, présenta deux projets de décrets sur l'organisation de l'imprimerie, proposés l'un par le ministre de l'intérieur, l'autre par le préfet de la police générale. La discussion s'engagea immédiatement et, dès cette première séance, le conseil d'État arrêta « que les imprimeurs formeraient une corporation et que le nombre en serait fixé. » Il résulte de la discussion que le conseil d'État prit cette résolution en vue d'assurer plus efficacement la surveillance qu'il croyait nécessaire d'exercer sur l'imprimerie, sous le triple rapport de l'intérêt de l'État, de l'intérêt de la société, de l'intérêt de la

1. *Discussions sur la liberté de la presse, la censure, la propriété littéraire, l'imprimerie et la librairie, qui ont eu lieu dans le conseil d'État*, pendant les années 1808, 1809, 1810 et 1811, rédigées et publiées par M. le baron Locré, ancien secrétaire général du conseil d'État; 1 vol. in-8°, Paris, Garnery, 1819. Ce volume est fort rare; nous l'avons vainement cherché dans le commerce. La bibliothèque impériale le possède.

propriété littéraire. Ce fut sous l'impression constante de cette pensée et de cette haute raison d'État qu'eurent lieu les délibérations et les résolutions votées par le conseil. Dans la séance du 12 décembre 1809, Napoléon prit plusieurs fois la parole, affirmant en ces termes l'utilité de la réglementation de l'imprimerie en corporation : « L'imprimerie n'est point un commerce, il ne doit donc pas suffire « d'une simple patente pour s'y livrer ; il s'agit ici d'un état qui inté- « resse la politique, et dès lors la politique doit en être le juge...... « La profession d'imprimeur est un état qui appartient à la politique, « avant d'appartenir au commerce...... Les imprimeurs doivent être « assimilés aux notaires, aux avoués, qui n'entrent que dans les places « vacantes et qui n'y entrent que par nomination. »

Le principe de la corporation et de la limitation du nombre une fois adopté (art. 3), il fallait en fixer l'exécution. Il fut d'abord décidé que la réduction dans le nombre des imprimeurs ne pourrait être effectuée sans qu'on ait préalablement pourvu à ce que les imprimeurs existants qui seraient supprimés reçussent une indemnité de ceux qui seraient conservés (art. 4)[1]. Des renseignements suffisants ayant été donnés au conseil sur la situation de l'imprimerie à Paris, desquels il résultait que le nombre des imprimeries était de 137, on résolut de réduire ce chiffre à 60 (art. 3)[2]. Pour les imprimeries des départements le conseil manquant de renseignements suffisants, il fut arrêté que le nombre des imprimeurs dans chaque département serait fixé ultérieurement par les soins de l'administration (art. 3)[3]. Il fut expliqué en même temps que la suppression des imprimeries porterait d'abord sur celles qui avaient moins de quatre presses à Paris

1. Pareille mesure avait été prise par le gouvernement impérial en 1808 pour la réduction du nombre des avoués à Paris. Un décret du 20 mars prescrivait « que les avoués supprimés seraient indemnisés de la perte de leur pratique par ceux qui seraient maintenus. »

2. Plus tard, un décret du 11 février 1811 porta le nombre des imprimeurs de Paris à 80, par suite de la difficulté d'indemniser d'une manière convenable tous les imprimeurs supprimés.

3. Cette fixation fut faite par arrêtés des 20 mai et 9 juillet 1811.

et de deux dans les départements; c'est ce qui motiva l'article 6 du décret-loi.

Tel fut l'esprit constant dans lequel eurent lieu les résolutions du conseil d'État. A chaque instant il y perce cette volonté ferme et convaincue, à tort ou à raison, de faire des imprimeurs une corporation avec droits et prérogatives, mais aussi avec charges et obligations[1], non dans leur propre intérêt, mais par une haute raison d'État dans le triple intérêt de l'État, de la société et des lettres. La limitation du nombre était posée comme principe et base du décret-loi, et par suite, de nouveaux brevets ne devaient être accordés qu'en remplacement d'un démissionnaire ; ce qui constituait droit ultérieur de cession pour le titulaire. Un cautionnement n'était pas imposé aux imprimeurs; mais la loi les obligeait à avoir un certain nombre de presses et un matériel en proportion.

Continuons l'historique du décret-loi de 1810, si précieux en enseignements, et voyons comment il fut mis à exécution par deux conseillers d'État, MM. le comte Portalis et le baron de Pommereul, qui avaient pris part aux délibérations du conseil lors de la discussion et de la rédaction de ce décret-loi, et qui connaissaient parfaitement le sens dans lequel il avait été rédigé et adopté.

Le premier acte de Napoléon, après la promulgation du décret-loi du 5 février 1810, fut de créer au ministère de l'intérieur, le 12 février, une direction générale de l'imprimerie et de la librairie, à la tête de laquelle fut appelé M. le comte Portalis. M. le directeur général s'occupa aussitôt de la mise à exécution de la loi. Une première circulaire aux préfets, en date du 28 mars 1810, leur demandait des renseignements sur les imprimeurs existants dans leur département[2]. Le 18 juillet 1810, M. le comte Portalis adressait aux préfets une nouvelle

1. Voir la note 1 de la page 18.
2. Voir cette circulaire aux pièces justificatives, page 36.

circulaire sur le sens et l'esprit du décret-loi et sur son mode d'exécution pour la fixation du nombre des imprimeurs, et au besoin pour leur réduction dans certaines villes[1]. Rien n'est plus explicite que les termes de cette dernière instruction dans laquelle M. le conseiller d'État leur explique ce qu'a voulu le gouvernement impérial. Reproduisons cette partie si importante de ce document officiel.

« Le décret impérial du 5 février, dit M. le comte Portalis, « n'ordonne pas, il est vrai, que le nombre des imprimeurs sera « réduit dans chaque département : jusqu'à présent cette réduction « n'est prescrite que pour Paris ; mais il veut du moins, qu'à dater « du 1er janvier 1811, le nombre des imprimeurs soit fixé partout.

« L'esprit du règlement est donc, non-seulement que ce nombre « n'augmente pas indéfiniment, mais qu'il soit calculé de manière « à donner à la profession plus de consistance et de sûreté, et même « qu'il soit diminué, si la chose est nécessaire pour atteindre ce but.

« L'Empereur veut restituer à la plus belle découverte de nos « temps modernes son lustre et sa dignité ; il veut trouver dans les « imprimeurs des espèces d'officiers ministériels de la pensée, qui « soient parmi les hommes, pour la transmission des lumières, ce que « sont les notaires pour la transmission des propriétés. »

Pendant que s'exécutaient les travaux préparatoires pour la fixation et la réduction du nombre des imprimeurs, travail immense qui s'appliquait aux cent trente départements de l'Empire, le 4 janvier 1811 M. le comte Portalis s'attirait une disgrâce publique en séance du conseil d'État, pour affaires étrangères à l'imprimerie[2]. M. le

1. Voir cette circulaire aux pièces justificatives, page 39.

2. On sait qu'il s'agissait d'un bref du Pape au Chapitre de Notre-Dame, dont M. le comte Portalis avait eu connaissance par son parent M. l'abbé d'Astros, membre du Chapitre. Voici en quels termes M. Thiers rapporte la cause de cette disgrâce : « Le fils du principal auteur du concordat, soumis envers l'Église, mais « non moins soumis envers Napoléon, avait cru concilier les diverses convenances « de sa position en disant à M. Pasquier, préfet de police et son ami, qu'il circulait « un bref du Pape fort regrettable et fort capable de semer la discorde entre « l'Église et l'État, qu'on ferait bien d'en arrêter la propagation, mais il s'en tint à

baron de Pommereul le remplaçait dans les fonctions de directeur général de l'imprimerie et de la librairie.

Les documents statistiques étant réunis, le premier travail du nouveau directeur général fut pour Paris. Il y existait 137 imprimeries; l'article 1er du décret les réduisait à 60. Le chiffre des imprimeries supprimées devait être de 77. Pour indemniser les propriétaires de ces imprimeries, un décret du 2 février 1811 décida que chaque imprimeur conservé payerait un soixantième de la somme fixée pour l'indemnité due aux imprimeurs supprimés (art. 10), plus la valeur du matériel qu'il était tenu d'acheter à ces imprimeurs (art. 1er)[1]. La somme produite par ces deux contributions forcées n'ayant pas été jugée suffisante pour indemniser les 77 imprimeurs supprimés, un décret du même jour (11 février 1811) augmenta de 20 le nombre des imprimeurs de Paris, chiffre qui a été exactement maintenu depuis soixante ans sous les divers régimes (la Restauration, le gouvernement de Juillet, la seconde République, le second Empire)[2].

Lorsque l'administration en vint à la fixation du nombre des imprimeurs des départements, on reconnut que, dans certaines villes, il serait impossible d'indemniser convenablement par le même mode ceux des imprimeurs qui seraient supprimés, à cause du petit nombre d'im-

« cet avis, et ne désigna pas son parent l'abbé d'Astros, car ses devoirs de con-
« seiller d'État ne l'obligeaient nullement de se faire le dénonciateur de sa propre
« famille. »

1. La Chambre des imprimeurs de Paris possède deux pièces justificatives de l'exécution de ces dispositions. Ce sont deux billets souscrits par M. Fain, imprimeur à Paris, à l'ordre de M. Mignotte, directeur général de la caisse des dépôts et consignations, pour solde de la part d'indemnité due par lui et pour sa part du rachat du matériel des imprimeurs supprimés, lesdits billets portant quittance de M. le directeur général, lors de leur présentation à M. Fain le jour de leur échéance. Ces documents constatent ce fait curieux, que les imprimeurs de Paris payèrent l'indemnité pour 77 imprimeurs d'abord supprimés, et que l'on ne leur rendit pas la différence lorsque le nombre en fut réduit à 57 par suite du décret du 11 février 1811.

2. Les décrets des 5 février 1810, 2 et 11 février 1811 sont reproduits aux pièces justificatives, pages 33, 35 et 36.

primeurs existants dans ces villes, et qu'on ne pouvait que faire acheter leur matériel par les imprimeurs conservés. Il fallut donc recourir à un autre mode d'exécution. Dans cette situation, un arrêté du 20 mai 1811 [1] décida que pour arriver à la limitation prescrite par le décret-loi de 1810 et donner une sorte d'indemnité aux imprimeurs supprimés, les imprimeurs des départements seraient divisés en deux classes; la première fut formée du nombre des imprimeurs fixé pour chaque département et du nom de ceux qui devaient entrer dans cette classe sous le titre d'imprimeurs conservés et « dont les places seraient successibles; » la seconde classe fut formée de ceux qui, ne devant pas avoir de successeurs, formeraient la classe des imprimeurs tolérés, mais qui pendant leur vie jouiraient des mêmes droits et prérogatives que les imprimeurs conservés. Une troisième classe comprenait les imprimeurs supprimés, soit pour renonciation volontaire, soit pour infraction aux règlements, soit pour d'autres motifs particuliers. Le travail de fixation du nombre des imprimeurs fut ainsi fait pour chacun des cent trente départements de l'Empire français, et approuvé par un arrêté du 9 juillet 1811 [2]. Notification en fut donnée par lettre spéciale à chaque préfet, le 22 novembre 1811 [3], avec envoi des diplômes de brevet, ainsi qu'on peut s'en assurer aux Archives de chaque département.

1. Cet arrêté du 20 mai 1811 et celui du 9 juillet 1811, qui constatent d'une manière authentique l'exécution complète du décret de 1810 et la limitation du nombre des imprimeurs des départements, avec privilége de succession, ne se trouvent pas dans les Archives de l'administration d'où ils ont disparu; mais on en retrouve l'existence et toutes les dispositions dans la lettre-circulaire envoyée aux préfets le 22 novembre 1811, et dont un exemplaire se trouve aux Archives de l'Empire à Paris. Ces documents auront été perdus dans un des nombreux déménagements que l'on a fait subir à la direction de l'imprimerie, qui a été successivement rue de Grenelle-Saint-Germain, rue Culture-Sainte-Catherine, quai des Orfèvres, rue de Varennes, etc., etc.

2. Cet arrêté manque dans les Archives de l'administration, comme celui du 20 mai 1811 (voir la note ci-dessus); mais on le retrouve par extrait dans les Archives de chaque département, et il est de plus mentionné en tête des brevets délivrés en 1811.

3. Voir cette circulaire aux pièces justificatives, page 43.

Cette reconstitution et limitation du nombre des imprimeurs dans chaque département fut consignée dans l'*Annuaire de l'Imprimerie et de la Librairie*, publié pour l'année 1813 par les soins de l'administration. On y trouve (page 37) le tableau du nombre des imprimeurs fixé pour chaque département, conformément aux décrets des 5 février 1810 et 11 février 1811, et aux arrêtés des 20 mai et 9 juillet 1811. On y retrouve aussi la division en deux classes, prescrite par l'arrêté du 20 mai. En tête du tableau est un *nota* portant que « les noms écrits en caractères italiques indiquent les imprimeurs à vie, dont la place n'est pas successible. » Rien ne manque à l'authenticité et à l'exactitude de ce document, complétement en rapport avec les actes officiels ci-mentionnés[1].

Ainsi fut exactement mis à exécution le décret-loi de 1810 relativement à la fixation du nombre des imprimeurs, aussi bien pour les départements que pour Paris. Ainsi furent établis de la manière la plus régulière et la plus légale les droits et prérogatives assurés aux imprimeurs brevetés en retour des charges et des responsabilités qu'une haute raison d'État leur imposait. Les arrêtés des 20 mai et 9 juillet 1811 et les circulaires des 28 mars, 10 juillet 1810 et 22 novembre 1811 sont explicites à cet égard.

De ce récit exact de l'établissement du régime actuel de l'imprimerie, récit appuyé de faits et de citations, il résulte très-nettement que le décret-loi de 1810 a constitué les imprimeurs en corporation, qu'il a prescrit et fixé la limitation de leur nombre, attribué à l'administration leur nomination en remplacement d'un démissionnaire, admis par ce fait le droit de démission en faveur d'un successeur; qu'il les a enfin soumis au serment, toutes conditions qui ont placé les imprimeurs dans une situation exceptionnelle, dont l'effet a été de

1. Cet Annuaire, qui forme un volume in-18 de 337 pages, fut imprimé par M. Pillet, imprimeur du *Journal officiel de l'Imprimerie et de la Librairie*. Le titre porte pour fleuron les armes impériales; ce qui ne peut laisser aucun doute sur l'authenticité officielle de ce précieux volume, que nous possédons dans notre bibliothèque.

donner à leurs brevets une valeur certaine, comme pour les titres d'offices de notaires, auxquels Napoléon entendait que ces brevets fussent assimilés[1]. Et cette situation est d'autant plus digne d'égards, qu'elle leur a été imposée, en les obligeant à avoir constamment un certain nombre de presses avec un matériel en rapport, en leur faisant payer une indemnité ou acheter de vieux matériels et en les assujettissant à des obligations et des responsabilités fort graves[2], non par motifs d'intérêts privés comme pour les notaires, mais par motifs d'intérêts supérieurs, ceux de l'État, de la société et de la morale.

1. En vain dirait-on que les brevets d'imprimeur ne peuvent être assimilés aux offices d'officiers ministériels ou de courtiers en marchandises inscrits dans la loi du 28 avril 1816, parce que les titulaires de ces brevets n'y sont pas mentionnés au nombre de ceux qui pourront présenter des successeurs à l'agrément du roi. Nous répondrions : la situation des imprimeurs avait été réglée par le décret-loi de 1810; il n'y avait pas lieu de s'occuper de nouveau de leurs brevets, surtout dans une loi où il n'était question que de titulaires obligés à un cautionnement : nous avons déjà dit (page 13) que le cautionnement avait été remplacé pour les imprimeurs par l'obligation d'avoir un matériel d'une importance relative à leur localité. Quant au mode de nomination des officiers ministériels et des imprimeurs, il est identiquement le même : le notaire présente un successeur au gouvernement; l'imprimeur remet sa démission au gouvernement en faveur d'un successeur. Dans l'un et l'autre cas, le gouvernement est libre de son choix et ne nomme le successeur qu'autant qu'il lui convient. Il n'y a pas de doute à cet égard; la question a été résolue en ce sens au sujet des notaires et des imprimeurs par un avis du conseil d'État du 10 mai 1828, approuvé par le garde des sceaux le 2 juin suivant. C'est par une fausse application de cet avis du conseil d'État que M. Duvergier (*de la Vente*, n° 209) a dit que « les imprimeurs n'ont pas, comme les officiers ministériels que désigne la loi du 28 avril 1816, le droit de présenter un successeur, et que leurs brevets ne sont pas cessibles, comme sont les offices d'avoués et de notaires. » Nous avons déjà fait observer ci-dessus que le droit de démission en faveur d'un successeur appartenait antérieurement aux imprimeurs en vertu du décret-loi de 1810, et qu'il n'y avait pas eu ainsi lieu de s'occuper d'eux dans la loi de 1816. Voir, du reste, l'opinion contraire de M. Troplong, page 55.

2. On peut juger de ces obligations et responsabilités par le résumé suivant des pénalités auxquelles les imprimeurs sont soumis sous la législation actuelle de l'imprimerie et de la presse : 80 cas d'amende, de 16 fr. et 20 fr. à 25,000 fr. et 50,000 fr.; 44 cas d'emprisonnement, de 3 jours à 5 ans; 36 cas de privation des droits électoraux; 6 cas de privation des droits civiques, civils ou de famille. Chaque jour nous voyons l'application de ces pénalités.

Les enseignements que nous avons tirés de la mise à exécution du décret-loi du 5 février 1810, continuons-les pour les actes qui ont suivi et que nous verrons chaque jour confirmer le sens et la valeur de ce décret-loi.

En 1814, après la chute de Napoléon, Louis XVIII, en rentrant en France, octroie la Charte constitutionnelle. Aux termes de l'article 8, les Français ont le droit de publier et de faire imprimer leurs opinions, en se conformant aux lois qui doivent réprimer les abus de cette liberté. L'article 68 porte que le code civil et les lois existantes qui ne sont pas contraires à la présente Charte restent en vigueur jusqu'à ce qu'il y ait été légalement dérogé.

Le nouveau gouvernement continue de maintenir l'application du décret-loi de 1810, comme non abrogé par la Charte. Un député, M. Durbach, publie une brochure intitulée : *Encore un mot sur la Constitution*. Elle est saisie chez l'éditeur, en conformité du décret-loi de 1810. Aussitôt l'auteur député de se plaindre de la prétendue mesure illégale qui le frappe. Dans la séance de la Chambre des députés du 28 juin 1814, M. Durbach demande la parole. Il supplie le roi de vouloir bien réunir et compléter les lois relatives aux abus de la presse, et de proposer en conséquence une loi qui concilie les droits garantis par la Charte constitutionnelle aux citoyens. Selon lui, le décret-loi de 1810 a été abrogé par la Charte et ne peut être rappelé ni appliqué. La Chambre est d'un autre avis; elle rejette la proposition de M. Durbach.

Quelques jours après, dans la séance du 4 juillet, le député Faure demande une nouvelle loi sur l'imprimerie; il fait ressortir la nécessité de maintenir et régler la limitation du nombre des imprimeurs par un mode tellement sage, qu'il puisse se concilier avec les avantages du commerce et les progrès de l'art. La Chambre accueille sa proposition et la renvoie à l'examen des bureaux; mais il n'y est pas donné suite, M. l'abbé de Montesquiou, ministre de l'intérieur, ayant présenté, le lendemain 5 juillet, un projet de loi sur la presse et l'imprimerie. Ce projet confirme le décret-loi de 1810, dont il n'abroge aucune des parties et dont il augmente lès pénalités. Dans la séance du 3 août, M. le chevalier Raynouard, rapporteur, dépose son rapport concluant au rejet de la loi, à cause de la censure préalable établie par le titre Ier pour les ouvrages au-dessous de trente feuilles. La discussion de ce projet de loi occupe neuf séances, du 6 août au 8 octobre, tant à la Chambre des députés qu'à la Chambre des pairs. Il est voté avec quelques modifications faites par la Chambre des pairs aux conditions de la censure. Le titre Ier, relatif à la censure préalable, est seul l'objet des délibérations des deux Chambres. Aucune observation n'est faite sur le titre II, concernant l'imprimerie, lequel est adopté tel qu'il avait été présenté. La nouvelle loi est promulguée le 21 octobre 1814. Jusqu'à cette loi, le décret-loi du 5 février 1810 et le code pénal avaient formé le droit de la matière.

Pendant la Restauration, de 1815 à 1830, le régime établi en 1810 et confirmé en 1814 est régulièrement maintenu [1]. La manière dont l'administration a appliqué la législation, pendant cette période, montre parfaitement que la loi de 1814 [2] était confirmative en tous points du décret-loi de 1810. En effet, des statistiques certaines [3] éta-

1. Il existe dans les Archives de la Nièvre un document qui ne peut faire doute à cet égard et que nous reproduisons ici : « Monsieur le préfet, le sieur Roch, im- « primeur à Nevers, m'adresse une pétition tendant à obtenir un brevet hérédi- « taire en échange du brevet de tolérance qui lui fut accordé en 1811. Cette demande « ne saurait être accueillie. Il n'existe pas de brevet à perpétuité; tous sont per- « sonnels et par conséquent à vie. D'ailleurs le nombre des imprimeries pour « Nevers avait été fixé à deux à l'époque de l'organisation en 1811. Celle du « sieur Roch ne fut maintenue qu'à titre de tolérance et il ne saurait espérer obtenir « le changement de son brevet qu'en remplaçant un des autres titulaires. » (*Lettre de M. le conseiller d'État, directeur de la police, au préfet de la Nièvre,* 16 avril 1824.)

2. La loi du 21 octobre 1814 est reproduite aux pièces justificatives, page 46.

3. Des statistiques du nombre des imprimeurs à diverses époques existent dans deux ouvrages fort rares (que nous possédons aussi dans notre bibliothèque) : l'*Essai historique sur la liberté d'écrire et sur la liberté de la presse,* par M. Gabriel Peignot, ancien inspecteur de l'imprimerie, 1 vol. in-8°, Paris, Crapelet, 1832; les *Études sur la typographie,* par M. Crapelet, imprimeur, tome II, volume inachevé.

blissent que, de 1815 à 1830, le nombre des imprimeurs n'a pas augmenté, mais qu'il a au contraire diminué de 24, par suite de décès d'imprimeurs à vie.

Sous le ministère Martignac, en 1829, un projet de loi sur l'imprimerie est présenté dans la séance du 8 juin à la Chambre des pairs. Ce projet de loi, émané d'un ministère libéral, ne changeait rien à l'état de choses; il n'apportait aucune modification aux brevets et à la limitation du nombre. Il se composait de deux articles, l'un ayant pour but de faire cesser le dissentiment qui s'était élevé entre la cour de cassation et deux cours royales sur l'application des conditions pénales des articles 14 et 15 de la loi de 1814, relatifs aux déclarations et aux dépôts; l'autre modificatif de l'article 12 de la même loi, afin que cet article, relatif au retrait des brevets, ne pût être appliqué qu'en cas de récidive. Il ne fut pas donné suite à ce projet de loi, par suite de la retraite du ministère Martignac et de l'avénement du ministère Polignac.

Pendant la Restauration, cinq lois sur les délits commis par la voie de la presse sont faites et promulguées : celles des 17, 26 mai et 9 juin 1819, 25 mars 1822 et 18 juillet 1828; elles ne sont l'occasion d'aucun changement au régime de l'imprimerie, sauf que l'article 24 de la loi du 17 mai 1819 applique indistinctement à tous les modes de publication l'article 60 du code pénal sur la complicité, et qu'à chaque nouvelle loi de nouvelles responsabilités et pénalités incombent aux imprimeurs.

Nous arrivons à la révolution de juillet 1830. Une nouvelle Charte est proclamée. L'article 7 porte que les Français ont le droit de publier et de faire imprimer leurs opinions en se conformant aux lois, et l'article 70, que toutes les lois et ordonnances, en ce qu'elles ont de contraire aux dispositions adoptées pour la réforme de la Charte, sont dès à présent et demeurent annulées et abrogées. Le régime de 1810 et 1814 est maintenu et continue d'être exécutoire comme non contraire à la Charte.

Dans la séance du 11 septembre 1830, M. Benjamin Constant dépose une proposition par laquelle les brevets seraient supprimés et l'imprimerie déclarée libre. La commission nommée pour l'examen de cette proposition présente un autre projet, d'après lequel la profession d'imprimeur est déclarée libre, moyennant une déclaration préalable et le versement d'un cautionnement. La commission, comprenant le préjudice causé aux imprimeurs brevetés, propose de les exempter du cautionnement, comme « un faible adoucissement de la perte du privilége. » La Chambre, pénétrée du droit des imprimeurs à une indemnité, va plus loin. Une proposition est faite et appuyée, de faire payer une indemnité aux imprimeurs anciens par les nouveaux imprimeurs; elle est votée par paragraphe, puis rejetée d'ensemble comme insuffisante[1]. La loi a le même sort, et elle est repoussée par 193 voix contre 98.

Nous sommes alors en plein régime parlementaire, avec un nombre restreint d'électeurs qui veulent être récompensés de leurs votes, avec des écrivains et des députés qu'il faut satisfaire. Les ambitions s'abattent sur les titres de brevets d'imprimeur, dont on fait marché. Le ministère est obsédé; l'administration a perdu ses archives; ses chefs sont changés; les traditions sont interrompues; et alors un certain nombre de brevets nouveaux sont donnés, contrairement à la loi, à la jurisprudence, à la pratique constante d'un quart de siècle[2].

Pendant la période de 1830 à 1848, deux nouvelles lois, celles des 10 décembre 1830 et 21 mai 1836 viennent encore augmenter

1. Voir aux pièces justificatives, pages 47 et suivantes, les opinions émises au sujet de l'indemnité par MM. Pelet de la Lozère, Barthe, Dupin aîné, le baron Dupin.

2. Si les gouvernements qui ont succédé à la Restauration ont créé, sans droit, quelques brevets dans des villes où le nombre en avait été fixé en 1811, il faut dire que la majeure partie des créations de brevets a eu lieu dans des villes dépourvues d'imprimerie; ce qui créait de nouveaux priviléges pour les successeurs des bénéficiaires, et ne portait pas plus atteinte à ceux constitués en 1811 que la création de courtiers dans de nouvelles villes n'a diminué le droit des courtiers, lors de leur récente expropriation. C'est ainsi que l'on compte maintenant 476 villes pourvues d'imprimeries, alors qu'il n'y en avait que 267 en 1811.

les responsabilités et pénalités des imprimeurs, sans rien modifier au régime existant.

La révolution de février 1848 éclate. La République est proclamée. Des décrets successifs accordent toutes les libertés : l'imprimerie seule n'est pas affranchie. Le gouvernement provisoire a souvenir de la licence et des abus de la presse en 1789 ; il se rappelle la juste indignation exprimée à cet égard par l'Assemblée nationale dès les premiers jours de la Révolution. En vain le comité de la Société centrale républicaine demande la liberté de l'imprimerie, en admettant le remboursement des brevets ; en vain le ministre de l'intérieur, M. Recurt, dans une circulaire du 30 mai 1848 aux préfets, leur dit que la liberté de la presse réelle et complète doit être une des premières conquêtes de la République, que l'Assemblée nationale va être appelée à en proclamer l'existence, qui doit reposer sur les bases les plus larges ; qu'il est dans la volonté du gouvernement de dégager de toutes entraves ce droit impérissable.

Le projet de Constitution républicaine présenté à l'Assemblée est muet sur la liberté de l'imprimerie. Lors de sa discussion, M. Pierre Leroux propose un amendement additionnel portant que l'imprimerie ne peut être soumise à aucun monopole ; il admet l'indemnité pour les titulaires de brevets. M. Vivien, au nom de la commission de constitution, s'oppose à la prise en considération de la proposition par les plus hautes raisons d'État et de justice ; il en demande le renvoi aux lois organiques [1]. L'Assemblée nationale rejette la proposition de M. Pierre Leroux par 478 voix contre 143.

En 1851, une nouvelle proposition relative au libre exercice de l'imprimerie est faite à l'Assemblée législative par MM. Dain, Michel de Bourges, Madier de Montjau, Crestin, Derriey, Richardet et Sommier. Elle est renvoyée à la commission d'initiative parlementaire, composée de vingt-neuf membres, qui se prononce à la presque

1. Voir aux pièces justificatives, pages 49 et 50, les opinions émises par MM. Pierre Leroux et Vivien en faveur de l'indemnité.

unanimité contre la prise en considération. Le rapport, fait à l'Assemblée législative par M. Moulin, conclut au rejet, tout en admettant le principe de l'indemnité [1]. L'Assemblée législative rejette la proposition par 426 voix contre 213.

C'est ainsi que deux fois les deux Assemblées nationale et législative de la République de 1848 repoussent toute modification au régime de 1810 et de 1814. Quant aux imprimeurs, le nouveau bénéfice qu'ils retirent de la seconde République, ce sont quatre nouvelles lois, celles des 7 juin et 11 août 1848, 27 juillet 1849 et 16 juillet 1850, qui aggravent encore leurs responsabilités et leurs pénalités.

Pendant les seize premières années du second Empire, le régime de 1810 continue d'être en vigueur. Toutefois l'administration, suivant les regrettables errements du gouvernement de Juillet, crée encore quelques brevets nouveaux.

Dans cette période, comme dans les précédentes, neuf lois nouvelles, celles des 2 et 17 février, 22 mars (double) et 28 mars 1852, 5 mai 1855, 27 février 1858, 18 juillet 1866, 3 août 1867 et 11 mai 1868, viennent compléter la longue série des responsabilités et des pénalités qui chargent les imprimeurs.

En 1867, un courant nouveau d'idées libérales s'établit. Pour y donner satisfaction, le ministère de cette époque présente au Corps législatif un nouveau projet de loi sur la liberté de la presse, dans lequel il supprimait les brevets d'imprimeur, en proclamant libre la profession de l'imprimerie, sans abroger les pénalités nombreuses qui frappent la presse et l'imprimerie. L'exposé des motifs de M. le conseiller Pinard se bornait à proclamer la liberté de l'imprimerie, comme consécration du principe fondamental de la liberté des professions. Quant à l'indemnité, qui a été la première pensée, la principale préoccupation de tous ceux qui avaient tenté précédemment la réforme

1. Voir aux pièces justificatives, page 50, un extrait du rapport de M. Moulin.

du régime de l'imprimerie, le rapport n'en disait mot, comme si cette question n'existait pas et ne pouvait donner lieu à réclamations[1].

On sait le reste : les imprimeurs de France ne se trouvèrent pas disposés à se laisser dépouiller sans mot dire de leurs droits et prérogatives, qui constituent pour eux un patrimoine de famille. Ils se réunirent en congrès à Paris. Ils firent une vive protestation contre l'atteinte qu'on voulait porter à leur propriété, sans les indemniser. La commission du Corps législatif accueillit leurs réclamations, et par l'organe de son rapporteur, M. Nogent-Saint-Laurens, elle se prononça sur la nécessité de renvoyer la solution de cette question à une loi spéciale, en présence d'une « propriété qui paraissait établie et respectée depuis soixante ans[2]. »

Lors de la discussion de la loi sur la presse, d'honorables membres du Corps législatif, MM. Pamard, Pouyer-Quertier, Piccioni, soutinrent les conclusions de la commission et l'opportunité d'une indemnité en cas de suppression des brevets[3]. En présence du vote

1. Le conseil d'État, lorsqu'il admit, en 1867, une telle proposition, ne s'était pas, sans doute, rendu compte de la gravité de la mesure. Il ne s'était pas souvenu que, par suite des exigences de la loi qui prescrit de n'accorder de nouveaux brevets qu'en remplacement de vacances, les imprimeurs actuellement en exercice avaient dû acquérir à prix onéreux la démission de leurs prédécesseurs, et de plus se charger d'un matériel souvent considérable; qu'ils avaient dû consacrer à cette acquisition le patrimoine de leur famille ou prendre des engagements d'honneur, et que cette suppression subite des brevets sans indemnité, contre tous droits, devait ruiner leur famille ou leur faire laisser en souffrance leur signature. Le conseil ne s'était pas également rendu compte du chiffre considérable que ces acquisitions partielles représentaient. Nous ne pensons pas exagérer, en avançant que les plus-values payées par les imprimeurs actuels pour obtenir la démission de leurs prédécesseurs peuvent dépasser le chiffre de quinze millions, chiffre bien modeste comparativement à celui payé aux courtiers, dont l'indemnité s'est élevée au chiffre de quarante-cinq millions, imposé aux contribuables pour satisfaire sans aucune utilité à une pure question de principe, qui a semblé aux libres échangistes une conséquence nécessaire des traités de commerce.

2. Voir aux pièces justificatives, pages 51 et 53, un extrait du rapport de M. Nogent-Saint-Laurens et son discours lors de la discussion de la loi.

3. Voir aux pièces justificatives, pages 53 et suivantes, les opinions émises par MM. Nogent-Saint-Laurens, Pamard, Pouyer-Quertier et Piccioni en faveur de l'indemnité.

persistant de la commission dans son opinion, M. Rouher, ministre d'État, fit, dans la séance du 14 février 1868, la déclaration suivante.

« Le gouvernement est disposé à penser qu'aucun droit de pro-« priété n'existe au profit des imprimeurs, et que le caractère du « décret de 1810 est celui d'une réglementation de police, et nul-« lement celui d'une constitution de propriété[1].....

« Mais nous ne nous dissimulons pas que cette question a produit « parmi les détenteurs de brevets d'imprimeur une véritable émo-« tion ; nous ne nous dissimulons pas que, dans cette question, il « faut, non-seulement que la conviction soit faite dans le sens du « gouvernement, mais que la lumière soit complète et entière au-« tour de lui.

« Si la Chambre pense que nous devons nous livrer à une enquête « approfondie dans laquelle tous les intérêts devront être entendus, « pourront faire valoir leurs réclamations, faire connaître leurs pré-« tentions diverses ; à une enquête dans laquelle devront être exa-« minés et le mérite des réglementations en matière d'imprimerie, « et la nécessité des brevets, et les dangers des presses clandestines, « nous n'avons pas d'objection à faire ; nous procéderons à cette in-« formation, nous y procéderons avec loyauté, d'une manière sérieuse « et complète[2], et à une session ultérieure nous présenterons au « Corps législatif le résultat des investigations nouvelles et des solu-« tions que ces investigations auront déterminées dans la pensée du « gouvernement. »

Le Corps législatif admit cette enquête à une grande majorité.

1. Les faits exposés ci-dessus prouvent suffisamment que le décret-loi de 1810 a été plus qu'une simple réglementation de police ; du reste, une réglementation de police ne saurait exclure une constitution de propriété : les deux faits peuvent marcher de front.

2. Nous avons le regret d'avoir à dire que cette enquête a été loin d'être aussi sérieuse et complète que le promettait M. le ministre. Il est à notre parfaite connaissance, par les relations de nos syndicats, que dans un certain nombre de départements l'enquête a été faite d'une manière fort sommaire, que les imprimeurs intéressés n'ont pas été entendus, que les chambres de commerce et les procureurs impériaux n'ont pas été consultés.

Tel est l'historique de nos brevets d'imprimeur, qui ont pour eux l'expérience des temps passés, une consécration légale, un contrat accepté [1], la jurisprudence et une possession d'état de soixante ans, et qui ont survécu aux divers changements de gouvernement que la France a éprouvés pendant cette longue période de soixante ans.

Et s'il est encore besoin, après de tels documents, faits et témoignages sur la propriété réelle des brevets d'imprimeur et sur notre droit à une indemnité en cas de suppression, qu'il nous soit permis d'y ajouter ceux des hommes les plus éminents de nos assemblées législatives, de nos meilleurs jurisconsultes, des Chambres de commerce et même des partisans les plus ardents de la liberté [2]. Tous, ils ont reconnu notre droit de propriété; tous, ils ont admis la nécessité d'une indemnité si nos brevets étaient supprimés. Citons MM. Pelet de la Lozère, Barthe, Dupin aîné, le baron Dupin (*Chambre des députés*, séances des 12, 17, 18 et 19 novembre 1830); MM. Pierre Leroux, Vivien (*Assemblée nationale*, séance du 20 septembre 1848); M. Moulin (*Assemblée législative*,

1. Comme le disait en 1867 notre confrère Lahure, avec tant de bon sens, à S. M. l'Empereur lors de notre réception au château des Tuileries : « Un contrat a été passé en 1810 entre le gouvernement impérial et les imprimeurs ; si, l'année suivante, Napoléon avait voulu revenir sur le décret-loi de 1810, Sa Majesté impériale eût trouvé juste d'indemniser les imprimeurs de l'annulation de ce contrat : ce qui eût été juste en 1811 l'est encore aujourd'hui, parce que la justice ne se prescrit pas. » Et en effet, un véritable contrat a été passé entre le gouvernement impérial et les imprimeurs en 1810, non sur leur demande et dans leur intérêt, mais pour une haute raison d'État. On leur a dit : « Votre nombre sera limité, vous jouirez de certaines prérogatives et votre titre sera successible (comme le confirment l'arrêté du 20 mai 1811 et la circulaire du 22 novembre 1811) ; mais en retour vous serez soumis à des obligations minutieuses de police, vous encourrez une constante responsabilité, vous serez obligés d'avoir un matériel en rapport avec l'importance de votre localité, vous rachèterez le mobilier des imprimeurs supprimés ou vous leur payerez une indemnité. » Bon gré, mal gré, ce contrat a été accepté dans les départements comme à Paris. Aujourd'hui qu'on semble vouloir rompre le contrat qui nous a été imposé, la justice et l'équité, en dehors du droit strict, exigent qu'on nous indemnise.

2. Voir aux pièces justificatives, pages 47 et suivantes, ces témoignages si importants et si unanimes.

séance du 3 avril 1851) ; MM. Nogent-Saint-Laurens, Pamard, Pouyer-Quertier, Piccioni (*Corps législatif*, séances des 14 et 15 février et du 9 mars 1868) ; M. Troplong (*de la Vente*, n° 221) ; MM. Demolombe, Carré, Mandaroux-Vertamy, Groualle, Henri Celliez (*Consultations* et *Mémoires*); les chambres de commerce (*Enquête sur l'imprimerie*, 1869)[1] ; le tribunal de commerce de Paris (*Jugement du 20 novembre 1868*) ; MM. Blanqui, Durieu, Raisant, Sobrier, etc., membres du bureau de la Société républicaine centrale (*Adresse au Gouvernement provisoire*, 1er mars 1848)[2].

De l'exposé que nous venons de faire et des documents qui l'appuient, il résulte : 1° que le décret-loi de 1810 a fait des imprimeurs une corporation, comme celle des officiers ministériels[3] ; — 2° que la fixation légale du nombre des imprimeurs a eu lieu en 1811, pour les départements comme pour Paris[4], et que ce nombre ne pou-

1. Un petit nombre de chambres de commerce ont été consultées par les préfets lors de l'enquête ; nous donnons aux pièces justificatives, pages 58 et 59, le texte des délibérations dont nous avons pu avoir communication.

2. A cette longue liste nous pourrions ajouter encore bien d'autres adhésions. Bornons-nous à dire que la chambre syndicale des protes ou directeurs d'imprimerie, et la société typographique de Paris formée de compositeurs-typographes, se sont prononcées pour le remboursement des brevets acquis à titre onéreux ; que la société des gens de lettres a exprimé l'avis que s'il y avait préjudice résultant de la suppression des brevets, c'était une question à régler par l'équité de la part du gouvernement. Ajoutons encore l'avis exprimé par quelques journaux de Paris, d'opinions fort opposées. « A ces deux conditions : remboursement des brevets, valeur fixe irrévocablement perdue ; indemnité variable et calculée sur l'importance de la concurrence nouvelle, la liberté de l'imprimerie sera une œuvre de justice, sinon elle sera une dépossession inique. » (*Le Français*, 30 octobre 1869.) — « Si la France a été assez riche pour payer sa gloire, espérons qu'elle le sera suffisamment pour solder la rançon de ses libertés. » (*Le Siècle*, 4 novembre 1869.) — « L'indemnité, rien de plus juste ; mais le maintien des brevets !... » (*Le Réveil*, 3 novembre 1869.)

3. Revoir à cet égard les paroles prononcées par Napoléon au conseil d'État (page 12), et renouvelées par le comte Portalis dans ses instructions officielles (page 14).

4. Voir aux pièces justificatives, page 56, la démonstration de ce fait légal par M. Mandaroux-Vertamy, avocat au conseil d'État et à la cour de cassation, qui fait observer que l'arrêté du 9 juillet 1811, fixant le nombre des imprimeurs des départements, se confond et ne fait qu'un avec le décret-loi de 1810.

vait être modifié que par une disposition législative ; — 3° que les imprimeurs ont été obligés de payer une indemnité ou d'acheter le matériel des imprimeurs supprimés ; — 4° qu'ils ont reçu l'ordre de se pourvoir d'un matériel en rapport avec leur localité ; — 5° que le brevet, c'est-à-dire le privilége du nombre fixe, ne peut être retiré, aux termes de la législation, qu'en cas de jugement pour contravention aux lois et règlements : ce qui fait qu'en cas de retrait de leur brevet par voie de suppression une juste et préalable indemnité doit être accordée aux titulaires ; — 6° que le mode d'établissement du régime actuel et les conditions et contrats auxquels il a donné lieu font du décret-loi de 1810 un acte autrement important qu'un simple règlement de police[1] ; — 7° que la loi de 1814 n'a fait que confirmer toutes les prescriptions du décret-loi de 1810 ; — 8° que le premier Empire et le gouvernement de la Restauration ont constamment maintenu l'exécution de cette législation ; — 9° que de 1830 à ce jour, contrairement à la loi, des brevets nouveaux ont été créés dans des villes où le nombre en avait été fixé en 1811 : ce qui a donné lieu à des protestations réitérées de la part des titulaires brevetés[2] et ne

1. Voir la note 1 de la page 26.

2. Lors de ces créations illégales de brevets dans les villes où le nombre en avait été fixé, des protestations ont été adressées le plus souvent à l'administration. Ainsi, en 1833, M. Saillot, imprimeur aux Andelys, assigna M. le ministre de l'intérieur devant le conseil d'État par la voie contentieuse, à l'occasion de la création d'un nouveau brevet dans sa ville. Par un avis du 14 mars 1834, le conseil d'État rejeta la demande de M. Saillot par le seul motif qu'il n'avait pas pris la voie légale, sans se prononcer sur le fond de la question. L'imprimeur ainsi lésé ne voulut pas faire les frais d'un second procès et subit l'omnipotence de l'administration. Quelques années après, pour le même motif, M. Villet-Collignon, imprimeur à Verdun, adressait pareille réclamation en 1840 à M. le ministre de l'intérieur, et la renouvelait en 1844. On lui répondait que la fixation des imprimeurs, dans les départements, était laissée à l'arbitraire de l'administration ; ce qui est contraire à la loi, comme le dit M. Mandaroux-Vertamy (p. 56). « Ce nombre, une fois fixé, doit rester invariable, dit-il, sauf innovations législatives. » En 1845, M. Duverger, président de la chambre des imprimeurs de Paris, déclarait qu'elle était en continuelles réclamations contre la création de nouveaux brevets dans les départements. En 1847, M. Guiraudet, alors président, exprimait les mêmes sentiments. Combien d'autres imprimeurs voulaient réclamer, qui s'abstinrent afin de ne pas mécontenter l'administration sous la dépendance de laquelle ils étaient, et qui pouvait pour la moindre con-

peut affaiblir leur droit; — 10° que par l'effet de la législation actuelle, sauf les quelques infractions ci-dessus indiquées, aucune nomination à un brevet d'imprimeur n'a lieu sans la remise d'une démission, obtenue naturellement à prix d'argent en échange des droits et prérogatives que le brevet constitue pour l'acquéreur agréé par l'administration : ce qui fait du brevet une véritable propriété, cessible à son tour[1] ; — 11° qu'ainsi, pour les imprimeurs des départements comme pour ceux de Paris, le droit strict, un acte conventionnel, la jurisprudence, l'équité et la justice commandent impérieusement qu'une indemnité leur soit allouée en cas de suppression des brevets, sous peine de manquer aux plus simples lois de la justice et à des engagements pris par les gouvernements précédents dans un intérêt général et non dans un intérêt privé.

Le Congrès des imprimeurs de la France, qui s'est réuni en octobre dernier à Paris, a déclaré qu'il ne pouvait voter la renonciation à une propriété reconnue par la loi; propriété qui était pour chacun un patrimoine de famille, qui avait de plus pour elle la consécration d'une longue possession d'état, et dont l'expropriation ne leur paraissait pas commandée par l'intérêt général et par l'utilité publique.

Et en effet, quelle utilité publique y a-t-il à élargir le nombre des imprimeurs? ne suffisent-ils pas et au delà aux besoins de la consom-

travention leur retirer leur brevet. Quand on a sur la tête une telle épée de Damoclès, on hésite à faire des réclamations. Ces faits et d'autres analogues sont consignés dans deux brochures de M. Villet-Collignon, l'une intitulée : *Appel à tous les imprimeurs de France sur la nécessité de demander aux Chambres l'exécution des lois sur l'imprimerie,* 1 vol. in-8°, Paris, Ledoyen, 1847; l'autre : *Coup d'œil sur l'imprimerie,* 1 vol. in-8°, Paris, l'auteur, 1848. Nous n'avons pas besoin de dire par quel motif de juste réserve la chambre des imprimeurs de Paris n'a pas protesté contre la création récente d'un brevet d'imprimeur à Paris pour l'essai d'une société coopérative de compositeurs-typographes.

1. Propriété tellement reconnue, qu'en cas de faillite elle est attribuée aux créanciers comme valeur active, ainsi qu'en témoigne un jugement du tribunal de commerce de Paris, en date du 20 novembre 1868, « autorisant le syndic de la faillite à traiter de la propriété dudit brevet et à présenter à l'administration tous successeurs, en se conformant aux lois et règlements administratifs. » Voir aux pièces justificatives, page 59.

mation? Quel intérêt général commande de rouvrir un champ plus libre aux impressions clandestines, aux mauvaises publications? L'État, la société et la morale y ont-ils intérêt?

Et qui demande la liberté de l'imprimerie, dont quelques-uns affirment l'utilité, mais dont le plus grand nombre affirme le danger? Ce sont des gens honnêtes et convaincus, qui, voulant la réalisation complète des principes de liberté industrielle proclamés en 1789, en font une affaire de principe, sans s'enquérir si ce serait pour le bien de l'État et de la société. Ce sont des économistes, qui pensent à tort y trouver un moyen plus certain pour les ouvriers de pouvoir s'établir; qui s'imaginent que la valeur du brevet, relativement peu importante, est un obstacle à leur établissement; qui ne calculent pas quepour favoriser quelques-uns, ils risquent par leurs demandes d'amener la ruine et la misère pour la classe méritante de nos ouvriers[1]. Ce sont enfin des libraires-éditeurs et des éditeurs de musique, qui espèrent du libre exercice de l'imprimerie un avilissement des prix de fabrication à leur profit[2]. Sont-ce là des motifs d'intérêt général qui doivent faire modifier, sans raisons plus sérieuses, une situation existante qui a pour elle la bonne pratique de deux siècles et demi.

La Révolution française crut faire merveille en décrétant le libre exercice de l'imprimerie; l'expérience a bientôt démontré qu'on avait fait fausse route, et peu à peu le gouvernement lui-même de la

1. Ce n'est pas nous qui avons exprimé cette opinion pour le besoin de notre cause; c'est le syndicat des journalistes qui l'a formulée devant la commission d'enquête; ce sont les libraires-éditeurs et les éditeurs de musique qui l'ont fait pressentir dans leurs Mémoires.

2. Nous n'exagérons pas; voici les termes dans lesquels ces libraires-éditeurs se sont exprimés : « A notre avis, le brevet d'imprimeur ne saurait être maintenu : « 1° il viole le principe de la liberté du travail; nous voyons les metteurs en « pages intelligents, avec lesquels nous avons des rapports journaliers, n'oser penser « à s'établir à cause du prix élevé des brevets; 2° avec la liberté de coalition des « ouvriers et la restriction du nombre des patrons, les ouvriers peuvent fixer à leur « volonté le prix du travail, et rendre la fabrication très-difficile par une augmen- « tation incessante, et devant nécessairement devenir déraisonnable, du prix de « revient. » (*Chronique du Journal général de l'imprimerie et de la librairie*, 13 novembre 1869.) Les mêmes raisons ont été données par les éditeurs de musique.

République est revenu à l'ancienne réglementation, à des pénalités encore plus sévères que précédemment (les galères, la mort) et à une surveillance rendue inefficace en présence du nombre considérable des imprimeries; enfin l'Empire a du revenir à la limitation du nombre qui avait prévalu avec avantage de 1622 à 1789. Veut-on faire aujourd'hui un nouvel essai : il est à présumer qu'il n'aboutira pas plus que celui de 1789, bien que les temps soient plus calmes. C'est qu'on ne se pénètre pas assez de ce fait que l'imprimerie est une industrie exceptionnelle, soumise forcément par la nature de ses produits à une législation toute spéciale, et qu'à mesure qu'on élargit le cercle de ses libertés, on est conduit à augmenter à son égard les précautions et les responsabilités pour en empêcher les écarts et les licences.

Et puis disons-le en terminant : ce n'est pas dans la suppression des brevets que l'on rencontrera la liberté de l'imprimerie et de la presse : c'est dans la suppression de la responsabilité des imprimeurs que peut seulement résider cette liberté. C'est ce que proclamait récemment un journal libéral. « Il est question de la liberté de l'im-« primerie, disait ce journal. Qu'est-ce que la liberté de l'imprimerie « fera à la situation actuelle? Elle l'aggravera, voilà tout. La meil-« leure de toutes les libertés en cette matière est une simple disposi-« tion de loi qui autorise les imprimeurs à tout imprimer, sans être « poursuivis. Avec cette seule loi, il y aura assez d'imprimeurs. »

Ce qu'il reste à faire, ce n'est donc pas de détruire le régime existant, c'est de l'améliorer; c'est de donner des garanties à la liberté par la diminution de la responsabilité des imprimeurs; c'est de donner de la sécurité aux titulaires brevetés par l'obligation de dispositions légales pour la création de nouveaux brevets. C'est là le vœu exprimé par le Congrès des imprimeurs.

Tout ce qui sera fait en dehors de ces conditions ne constituera qu'une liberté factice et passagère.

J. DELALAIN.

Décembre 1869.

DOCUMENTS OFFICIELS

RELATIFS

AU RÉGIME DE L'IMPRIMERIE

ET A LA FIXATION DU NOMBRE DES IMPRIMEURS.

I.

Décret-loi du 5 février 1810, relatif au régime de l'imprimerie et à la limitation du nombre des imprimeurs.

Titre II. *De la profession d'imprimeur.*

Art. 3. A dater du 1er janvier 1811, le nombre des imprimeurs dans chaque département sera fixé[1] et celui des imprimeurs à Paris réduit à soixante[2].

Art. 4. La réduction dans le nombre des imprimeurs ne pourra être effectuée sans qu'on ait préalablement pourvu à ce que les imprimeurs actuels qui seront supprimés reçoivent une indemnité de ceux qui seront conservés[3].

Art. 5. Les imprimeurs seront brevetés et assermentés.

. . . .

Art. 6. Ils seront tenus d'avoir à Paris quatre presses, et dans les départements, deux.

Art. 7. Lorsqu'il viendra à vaquer des places d'imprimeurs, soit par décès, soit autrement, ceux qui leur succéderont ne pourront recevoir

1. Le nombre des imprimeurs dans les départements a été fixé par un arrêté du 9 juillet 1811. Cet arrêté ne se retrouve pas dans les Archives de l'administration, par suite de la perte qui a été faite d'une partie de ces Archives, mais il est par extraits dans les Archives des préfectures et il est mentionné en tête des brevets délivrés en 1811.

2. Ce nombre a été porté à 80 par décret du 11 février 1811.

3. L'application de cette disposition, en ce qui concerne les imprimeurs des départements, a été réglée par un arrêté du 20 mai 1811. Cet arrêté ne se retrouve pas également dans les Archives de l'administration, mais il est reproduit en entier dans une circulaire du 22 novembre 1811, qui est aux Archives de l'empire et dans celles des départements.

leurs brevets et être admis au serment qu'après avoir justifié de leur capacité, de leurs bonnes vie et mœurs et de leur attachement à la patrie et au souverain.

Art. 8. On aura, lors des remplacements, des égards particuliers pour les familles des imprimeurs décédés.

Art. 9. Le brevet d'imprimeur sera délivré par notre directeur général de l'imprimerie et soumis à l'approbation de notre ministre de l'intérieur; il sera enregistré au tribunal civil du lieu de la résidence de l'impétrant, qui y prêtera serment de ne rien imprimer de contraire aux devoirs envers le souverain et à l'intérêt de l'État.

Titre III. *De la police de l'imprimerie.*

Art. 10. Il est défendu de rien imprimer ou faire imprimer qui puisse porter atteinte aux devoirs des sujets envers le souverain et à l'intérêt de l'État. Les contrevenants seront traduits devant nos tribunaux et punis conformément au code pénal, sans préjudice du droit qu'aura notre ministre de l'intérieur, sur le rapport du directeur général, de retirer le brevet à tout imprimeur qui aura été pris en contraventions[1].

Art. 11. Chaque imprimeur sera tenu d'avoir un livre coté et parafé par le préfet du département, où il inscrira, par ordre de date, le titre de chaque ouvrage qu'il voudra imprimer et le nom de l'auteur, s'il lui est connu. Ce livre sera représenté à toute réquisition, et visé, s'il est jugé convenable, par tout officier de police.

Art. 12. L'imprimeur remettra ou adressera sur-le-champ au directeur général de l'imprimerie et de la librairie, et en outre aux préfets, copie de la transcription faite sur son livre, la déclaration qu'il a l'intention d'imprimer l'ouvrage; il lui en sera donné récépissé.

Les préfets donneront connaissance de chacune de ces déclarations à notre ministre de la police générale.

. . . .

Titre VIII. *Dispositions diverses.*

Art. 48. Chaque imprimeur sera tenu de déposer à la préfecture de son département, et à Paris à la préfecture de police, cinq exemplaires de chaque ouvrage, savoir : un pour la bibliothèque impériale, un pour le ministre de l'intérieur, un pour la bibliothèque de notre conseil d'État, un pour le directeur général de la librairie[2].

1. Cet article a été modifié et aggravé par l'article 12 de la loi du 21 octobre 1814 (page 46).

2. Cet article a été modifié par une ordonnance du 9 janvier 1828, qui réduit à deux le nombre des exemplaires à déposer.

II.

Décret du 2 février 1811, relatif au mode de liquidation de l'indemnité due aux imprimeurs supprimés à Paris.

Titre Ier. *Des presses supprimées.*

Art. 1er. Les imprimeurs conservés dans notre bonne ville de Paris sont tenus d'acheter les presses des imprimeurs supprimés ; ils les payeront au prix de l'estimation qui en sera faite, en un an et en quatre termes.

Art. 2. Chacun des imprimeurs conservés payera un soixantième du prix total de cette acquisition.

Art. 3. Les imprimeurs conservés s'entendront entre eux pour se partager les presses ainsi acquises.

Art. 4. Immédiatement après la publication du présent décret, les scellés seront apposés sur les caractères appartenant aux imprimeurs supprimés.

Ils pourront les vendre à leur gré, pourvu que cette vente ne soit faite qu'à des imprimeurs et fondeurs brevetés.

Titre II. *De l'indemnité accordée aux imprimeurs supprimés.*

Art. 5. Il sera payé par les imprimeurs conservés aux imprimeurs supprimés une indemnité.

Art. 6. Cette indemnité est fixée sur le pied de quatre mille francs par imprimeur supprimé.

Art. 7. Il en sera fait une somme totale qui sera répartie entre les imprimeurs supprimés, proportionnellement à l'importance et à l'activité de leur établissement, dûment constatées.

Art. 8. A cet effet, les imprimeurs supprimés seront divisés en plusieurs classes. On placera dans la première ceux dont l'établissement sera reconnu avoir le plus d'importance, et dans la dernière ceux qui seront trouvés avoir l'établissement le moins considérable en valeur mobilière et en occupations.

Art. 9. Cette division en classes sera faite et l'indemnité sera fixée par une commission dont il sera parlé ci-après.

Art. 10. Chacun des soixante imprimeurs conservés payera un soixantième de la somme totale fixée pour l'indemnité due aux imprimeurs supprimés.

Art. 11. Les sommes payées par les imprimeurs conservés, tant pour l'achat des presses que pour l'indemnité des imprimeurs supprimés, seront versées à la caisse d'amortissement, savoir : le premier quart comptant et en espèces, les trois quarts en effets payables à quatre, huit et douze mois.

Les valeurs n'en seront tirées, pour être réparties aux imprimeurs supprimés, que sur les mandats du président de la commission, visés par le directeur général de la librairie.

Art. 12. Tout créancier des imprimeurs supprimés pourra faire opposition à la caisse d'amortissement pour la conservation de ses droits.

Titre III. *De la commission.*

Art. 13. La commission dont il est parlé à l'article 9 sera composée de l'inspecteur de l'Imprimerie impériale, qui la présidera, d'un auditeur au conseil d'État, de deux inspecteurs de la librairie et de deux imprimeurs brevetés.

Art. 14. Cette commission sera chargée de faire et d'ordonner toutes les opérations nécessaires à la fixation du prix de l'acquisition des presses, à la fixation des indemnités et à leur répartition entre les imprimeurs supprimés.

Art. 15. Toutes les décisions de la commission seront soumises à notre directeur général, pour être approuvées par lui, s'il y a lieu, après avoir entendu les parties intéressées. En cas de réclamations, elles seront portées devant notre ministre de l'intérieur, qui en décidera définitivement.

III.

Décret du 11 février 1811, fixant définitivement le nombre des imprimeurs de Paris.

Art. 1er. Le nombre des imprimeurs de notre bonne ville de Paris, fixé à soixante par nos décrets précédents, est porté à quatre-vingts. En conséquence, il sera dressé une liste complémentaire de vingt imprimeurs.

IV.

Lettre du Comte Portalis, adressée le 28 mars 1810 au Préfet de la Sarthe, relative à la mise à exécution du décret-loi du 5 février 1810[1].

Monsieur le baron, le décret du 5 février dernier concernant l'imprimerie et la librairie porte : art. 3, qu'à dater du 1er janvier 1811, le nombre des imprimeurs sera fixé ; art. 5, que les imprimeurs seront brevetés et assermentés ; art. 29, qu'à dater de la même époque, les libraires seront aussi brevetés et assermentés ; art. 49, qu'il sera statué

1. Ce document se trouve aux Archives de la préfecture de la Sarthe, au Mans. Des lettres pareilles ont été adressées à la même date à tous les préfets.

par des règlements particuliers sur ce qui concerne les imprimeurs et libraires, etc.

Avant de m'occuper du travail relatif à ces dispositions, j'ai besoin de connaître avec certitude quel est l'état actuel de l'imprimerie et de la librairie de chaque département.

Je vous prie, monsieur le baron, de me faire dresser, en deux tableaux séparés, un état des imprimeurs et un état des libraires dans le département qui vous est confié.

Le tableau des imprimeurs énoncera en sept colonnes :

1° Les noms et prénoms des imprimeurs actuellement existants dans votre département;

2° Le lieu de leur résidence;

3° L'époque à laquelle ils ont commencé d'exercer leur profession;

4° S'ils sont devenus imprimeurs par héritage, par acquisitions ou en établissant des presses nouvelles;

5° Le nombre de leurs presses et si celui de leur assortiment de caractères y répond;

6° La nature de leur travail;

7° S'ils sont en même temps libraires et fondeurs, graveurs, relieurs, doreurs, papetiers, ou s'ils exercent en même temps quelque autre branche de l'art ou du commerce de l'imprimerie et de la librairie.

Une 8e colonne contiendra les observations que vous jugerez à propos de me faire sur chacun d'eux.

Par une lettre séparée, vous voudrez bien me communiquer les observations qui pourraient vous paraître d'une nature confidentielle et qui concernent la moralité de MM. les imprimeurs et leur plus ou moins de dévouement à la chose publique.

Le tableau des libraires énoncera, comme pour les imprimeurs :

1° Leurs noms et prénoms;

2° Le lieu de leur résidence;

3° L'époque à laquelle ils ont commencé d'exercer leur profession;

4° S'ils sont devenus libraires par héritage, par acquisitions ou en ouvrant un magasin;

5° S'ils sont libraires-imprimeurs ou libraires-fabricants, c'est-à-dire faisant imprimer pour leur compte, ou simplement libraires;

6° Si leur commerce a pour objet principal la librairie ancienne, ou la librairie ancienne et moderne, ou cette dernière seulement; s'ils vendent aussi des nouveautés, ou s'ils se bornent à vendre des nouveautés;

7° S'ils vendent des livres étrangers et, dans ce cas, par quelle voie ils les reçoivent, ou si ce sont des livres français, latins ou grecs, imprimés ou réimprimés à l'étranger, ou si ce sont des livres écrits en allemand, italien, espagnol, anglais, russe, danois, suédois, etc.; s'ils prêtent des livres moyennant rétribution.

Une 8e colonne contiendra aussi les observations que vous aurez à me faire sur chacun d'eux. Par une lettre séparée, vous voudrez bien me communiquer les observations confidentielles qui vous seront suggérées par la parfaite connaissance que vous avez de vos administrés.

Je désire, monsieur le baron, que pour dresser les tableaux il ne soit fait aucune demande ou recherche qui puisse exciter de l'inquiétude parmi les imprimeurs et libraires. Je ne voudrais point, par exemple, que vous demandassiez ces renseignements par la voie du journal ou que vous donnassiez aucune sorte de publicité à ma lettre ; c'est à votre expérience que je m'adresse pour avoir les lumières dont j'ai besoin, et c'est à votre sagesse que je me confie, quant à la manière de me les procurer.

En général, comme il arrive aux mesures nouvelles, le décret du 5 février semble avoir inspiré quelques craintes à ceux qui en sont les objets; si j'en juge du moins par les lettres que je reçois, plusieurs ont vu dans ce décret des projets de réforme qui menaçaient leur état.

Je vous invite, monsieur le baron, à vouloir bien faire connaître à MM. les imprimeurs et libraires, lorsqu'ils recourront à vous, le véritable esprit du règlement, qui est un esprit d'ordre et de bienfaisance.

En ordonnant que le nombre des imprimeurs soit fixé en chaque département, Sa Majesté Napoléon Ier a, en même temps, entendu que la propriété de tous fût respectée; que là où des réductions seraient reconnues nécessaires, ceux qui souffriront fussent dédommagés, comme le veut la justice, par ceux qui profiteront.

Il suit de là que les réformes, si elles sont indispensables, seront opérées sans que personne ait le droit de se plaindre, et que les intérêts de l'État et de l'art seront maintenus sans qu'aucun autre intérêt soit blessé.

Quant aux libraires, vous remarquerez, monsieur le baron, que si le décret veut qu'ils soient à l'avenir brevetés et assermentés comme les imprimeurs, ce n'est que pour entourer les deux professions d'une considération nouvelle: les unes et les autres contracteront ainsi, d'une manière solennelle, l'engagement de ne rien publier de contraire aux devoirs des sujets envers le souverain et à l'intérêt de l'État; et un commerce qui s'exerce sur ce qu'il y a de plus noble au monde, la pensée, ne courra plus risque d'être déshonoré par de criminelles spéculations.

J'ajoute que, par cette disposition conforme à l'intention générale du décret, les lumières, le zèle pour les sciences, l'amour du travail et toutes les autres qualités que suppose la pratique de l'art typographique seront plus assurés de recevoir leur prix.

Recevez, etc.

Le Conseiller d'État, Directeur général
de l'Imprimerie et de la Librairie,

Comte Portalis.

V.

Lettre du Comte Portalis, adressée le 18 juillet 1810 au Préfet des Ardennes, relative à la mise à exécution du décret-loi du 5 février 1810[1].

Monsieur le baron, je vois par le tableau que vous m'avez adressé des imprimeurs de votre département, qu'ils y sont au nombre de 7, savoir : 3 à Sedan, 1 à Givet, 1 à Charleville, 1 à Mézières et 1 à Rethel.

Il résulte de la lettre que vous avez jointe à ce tableau que ces imprimeurs ne vous paraissent pas tous dans le cas d'être maintenus. Vous vous prononcez même sur la nécessité de supprimer quelques-uns d'entre eux; mais vous semblez attendre, pour vous expliquer sur les autres, que je vous aie moi-même fait part de mes vues.

Il serait plus naturel, monsieur le baron, que vous commençassiez vous-même par me faire connaître positivement votre avis. Je ne puis avoir en matière pareille que des vues générales qui, dans l'application, peuvent varier. Il me semble, par exemple, que dans un département qui renferme comme le vôtre des villes importantes il n'y aurait point d'excès à laisser subsister un imprimeur par arrondissement, et même à en maintenir deux dans la ville chef-lieu de la préfecture ou dans son arrondissement. Mais c'est à MM. les préfets de me dire si ce nombre suffit aux convenances et aux besoins locaux ou s'il les excède, et s'il n'y a pas des circonstances particulières qui rendraient superflu ou peu convenable l'établissement d'un imprimeur dans tel arrondissement communal, tandis que dans tel autre il faudrait en laisser subsister plus d'un.

Voici, monsieur le baron, quelques observations qui pourront servir à vous diriger dans le nouveau travail que je vous demande.

Le décret impérial du 5 février dernier n'ordonne pas, il est vrai, que le nombre des imprimeurs sera réduit dans chaque département. Jusqu'à présent, cette réduction n'est prescrite que pour Paris; mais il veut du moins qu'à dater du 1er janvier 1811 le nombre des imprimeurs soit fixé partout.

L'esprit du règlement est donc non-seulement que ce nombre n'augmente pas indéfiniment, mais qu'il soit calculé de manière à donner à la profession plus de consistance et de sûreté, et même qu'il soit diminué, si la chose est reconnue nécessaire pour atteindre ce but.

L'Empereur veut restituer à la plus belle découverte de nos temps modernes son lustre et sa dignité ; il veut trouver dans les imprimeurs des espèces d'officiers ministériels de la pensée, qui soient parmi les hommes,

1. Ce document se trouve aux Archives de la préfecture des Ardennes, à Mézières. Des lettres pareilles ont été adressées à la même date à tous les préfets.

pour la transmission des lumières, ce que sont les notaires pour la transmission des propriétés.

Si donc le nombre des imprimeurs vous paraît trop grand dans votre département, c'est-à-dire s'il n'y a pas assez d'impressions à faire pour occuper au moins deux fois autant de presses qu'il y a actuellement d'imprimeurs, si l'industrie particulière des imprimeurs ne peut pas y suppléer, enfin s'il est difficile que, vu leur nombre, ils vivent de leur profession sans s'abaisser à multiplier, au détriment de l'État, de honteuses productions livrées ensuite à vil prix, ou même sans courir les périlleuses chances de la fabrication coupable des contrefaçons, je vous prie de me le faire connaître, afin que je puisse prendre, sur le compte que vous m'en rendrez, les ordres de Sa Majesté.

Dans ce cas, l'indication des imprimeurs qui vous paraîtraient le plus dans le cas d'être supprimés sera encore un élément nécessaire de votre travail. Il est bon d'observer, à cet égard, que l'ancienneté d'une imprimerie sur la tête de l'imprimeur actuel ou dans sa famille, le nombre de ses presses, leur activité dans un genre utile, le crédit, l'existence, la bonne conduite, sont des titres qui, dans le choix à faire, méritent une égale attention et doivent être combinés ensemble sans que l'un fasse négliger les autres. Il faut prendre garde en outre qu'en s'arrêtant exclusivement à la bonne renommée ou à l'ancienneté on ne se mette dans la nécessité de faire porter la suppression sur les hommes qui auraient droit aux indemnités les plus fortes, et que comme ces indemnités sont à la charge des imprimeurs conservés, il se pourrait que ceux-ci, quoique plus anciens ou plus estimés, ne pussent supporter le fardeau qui leur serait imposé : alors l'opération deviendrait impossible.

Il sera aussi nécessaire que vous joigniez aux projets de réduction et de suppression que vous serez dans le cas de me présenter vos vues sur les moyens de régler les indemnités à donner. Je suis loin de penser qu'il soit indispensable d'adopter à cet égard, pour tous les départements, les mêmes mesures. Chaque département, chaque ville, pourra nécessiter pour le payement de ses indemnités une mesure particulière, fondée sur les ressources et les moyens ordinaires de son commerce. Ce qui est bien sûr, c'est qu'il faudra déterminer pour chaque imprimeur conservé la contribution particulière qu'il aura à fournir, comme à son tour chaque imprimeur supprimé aura droit à une indemnité déterminée, qui ne pourra être réglée que pour lui.

Ainsi, il y a trois choses essentielles dans cette opération, savoir : 1° la quotité du dédommagement pour chaque imprimeur supprimé et les moyens certains de la déterminer; 2° la part que chaque imprimeur conservé devra fournir pour ces dédommagements, ou la base dont il faudra partir pour cette répartition; 3° la manière d'effectuer les payements et de lever la contribution, ou le moyen d'y suppléer.

Je reconnais, monsieur le baron, les difficultés d'une pareille opération, et c'est parce que je les reconnais que je cherche à m'éclairer de vos lumières. Vous êtes sur les lieux, vous connaissez les hommes et les choses, et j'ai besoin d'être informé et de l'être avec autant de scrupule que d'impartialité. Je vous promets à cet égard discrétion et prudence, comme j'attends de vous confiance et justice.

Recevez, etc.

Le Conseiller d'État, Directeur général
de l'Imprimerie et de la Librairie,

Comte Portalis.

VI.

Lettre du Comte Portalis, adressée le 18 juillet 1810 au Préfet du Morbihan, relative à la mise à exécution du décret-loi du 5 février 1810[1].

Monsieur le comte, je vois par le tableau que vous m'avez adressé des imprimeurs de votre département, qu'ils y sont au nombre de 5, savoir : 3 à Lorient et 2 à Vannes. Je désirerais, monsieur le préfet, que vous me dissiez s'il vous paraît nécessaire de les conserver tous.

Vous voudrez bien remarquer à cet égard que si le décret impérial du 5 février dernier n'ordonne pas que le nombre des imprimeurs sera réduit dans chaque département, et si jusqu'à présent cette réduction n'est prescrite que pour Paris, il veut du moins qu'à partir du 1er janvier 1811 le nombre des imprimeurs soit fixé partout.

L'esprit du règlement est donc non-seulement que le nombre n'augmente pas indéfiniment, mais qu'il soit calculé de manière à donner à la profession plus de consistance et de sûreté, et même qu'il soit diminué si la chose est reconnue nécessaire pour atteindre ce but.

L'Empereur veut restituer à la plus belle découverte de nos temps modernes son lustre et sa dignité ; il veut trouver dans les imprimeurs des espèces d'officiers ministériels de la pensée, qui soient parmi les hommes, pour la transmission des lumières, ce que sont les notaires pour la transmission des propriétés.

Si donc le nombre des imprimeurs vous paraît trop grand dans votre département, c'est-à-dire s'il n'y a pas assez d'impressions à faire pour occuper au moins deux fois autant de presses qu'il y a actuellement d'imprimeurs, si l'industrie particulière des imprimeurs ne peut pas y suppléer, enfin s'il est difficile que, vu leur nombre, ils vivent de leur profession sans s'abaisser à multiplier, au détriment de l'État, de honteuses productions livrées ensuite à vil prix, ou même sans courir les périlleuses chances de la fabrication coupable des contrefaçons, je vous prie de me le faire connaître, afin que je puisse prendre, sur le compte que vous m'en rendrez, les ordres de Sa Majesté.

Dans ce cas, l'indication des imprimeurs qui vous paraîtraient le plus

1. Ce document se trouve aux Archives de la préfecture du Morbihan, à Vannes.

dans le cas d'être supprimés sera encore un élément nécessaire de votre travail. Il est bon d'observer, à cet égard, que l'ancienneté d'une imprimerie sur la tête de l'imprimeur actuel ou dans sa famille, le nombre de ses presses, leur activité dans un genre utile, le crédit, l'existence, la bonne conduite, sont des titres qui, dans le choix à faire, méritent une égale attention et doivent être combinés ensemble sans que l'un fasse négliger les autres. Il faut prendre garde en outre qu'en s'arrêtant exclusivement à la bonne renommée ou à l'ancienneté on ne se mette dans la nécessité de faire porter la suppression sur les hommes qui auraient droit aux indemnités les plus fortes, et que comme ces indemnités sont à la charge des imprimeurs conservés, il se pourrait que ceux-ci, quoique plus anciens ou plus estimés, ne pussent supporter le fardeau qui leur serait imposé : alors l'opération deviendrait impossible.

Il sera aussi nécessaire que vous joigniez aux projets de réduction et de suppression que vous serez dans le cas de me présenter vos vues sur les moyens de régler les indemnités à donner. Je suis loin de penser qu'il soit indispensable d'adopter à cet égard, pour tous les départements, les mêmes mesures. Chaque département, chaque ville, pourra nécessiter pour le payement de ses indemnités une mesure particulière, fondée sur les ressources et les moyens ordinaires de son commerce. Ce qui est bien sûr, c'est qu'il faudra déterminer pour chaque imprimeur conservé la contribution particulière qu'il aura à fournir, comme à son tour chaque imprimeur supprimé aura droit à une indemnité déterminée, qui ne pourra être réglée que pour lui. Ainsi, il y a trois choses essentielles dans cette opération, savoir : 1° la quotité du dédommagement pour chaque imprimeur supprimé et les moyens certains de la déterminer; 2° la part que chaque imprimeur conservé devra fournir pour ces dédommagements ou la base dont il faudra partir pour cette répartition; 3° la manière d'effectuer les payements et de lever la contribution, ou le moyen d'y suppléer.

Je reconnais, monsieur le comte, les difficultés d'une pareille opération; et c'est parce que je les reconnais que je cherche à m'éclairer de vos lumières. Vous êtes sur les lieux, vous connaissez les hommes, les choses, et j'ai besoin d'être informé et de l'être avec autant de scrupule que d'impartialité. Je vous promets à cet égard discrétion et prudence, comme j'attends de vous confiance et justice.

Recevez, etc.

Le Conseiller d'État, Directeur général
de l'Imprimerie et de la Librairie,

Comte PORTALIS.

VII.

Lettre du Baron de Pommereul, adressée le 29 mars 1811 au Préfet de la Haute-Garonne, relative à la mise à exécution du décret-loi du 5 février 1810[1].

Monsieur le baron, j'ai reçu la lettre que vous m'avez fait l'honneur de m'écrire le 23 courant, relative aux imprimeurs de votre département et à la nécessité qu'il y a de fixer leur sort le plus tôt possible.

Je m'occupe dans ce moment du travail qui les regarde et qui comprend en même temps tous ceux des autres départements de l'Empire.

L'inspecteur de l'imprimerie et de la librairie, M. d'Aldiguier, m'a transmis les notes dont vous me parlez, concernant vos imprimeurs. Elles ne me laissent rien à désirer, puisqu'elles vous ont été communiquées et que vous les avez approuvées. Je trouve cependant que M. d'Aldiguier porte dans son état le sieur Tilzet comme imprimeur de la mairie, ayant quatre presses et six milliers de caractères, et que vous ne l'avez pas compris dans le vôtre, adressé à mon prédécesseur le 31 août dernier; je vous prie de vouloir bien m'éclairer sur cette différence, et me transmettre en même temps votre opinion sur le sieur Tilzet.

J'ai l'honneur, etc.

Le Conseiller d'État, Directeur général
de l'Imprimerie et de la Librairie,
Baron de Pommereul.

VIII.

Lettre du Baron de Pommereul, adressée le 22 novembre 1811 au Préfet du Nord, relative à la mise à exécution de l'arrêté du 9 juillet 1811, fixant le nombre des imprimeurs dans ce département[2].

Monsieur le baron, le nombre des imprimeurs actuellement existant dans l'empire étant trop considérable pour être plus longtemps toléré sans nuire à l'art typographique, le décret impérial du 5 février 1810 a ordonné qu'il serait fixé. Mais Son Excellence le ministre de l'intérieur, ayant

1. Ce document se trouve aux Archives de la préfecture de la Haute-Garonne, à Toulouse.

2. Ce document se trouve aux Archives de la préfecture du Nord, à Lille. Le texte de l'arrêté du 9 juillet 1811, qui a fixé le nombre des imprimeurs pour chaque département, ne se trouve pas aux Archives de l'administration, qui sont en partie perdues, mais il est par extraits dans les Archives des préfectures, et il est mentionné en tête des brevets délivrés en 1811. De pareilles lettres ont été adressées à la même date à tous les préfets.

reconnu l'impossibilité d'indemniser ceux des imprimeurs qui auraient dû être supprimés, a en conséquence, sur mon rapport du 16 mai 1811, décidé, le 20 du même mois [1], la division en deux classes des imprimeurs des départements. La première est formée du nombre des imprimeurs fixé pour chaque département et du nom de ceux qui doivent entrer dans cette classe sous le titre d'imprimeurs conservés ; la seconde classe est formée de ceux qui pourront exercer l'imprimerie leur vie durant, sans avoir de successeurs.

J'ai l'honneur, monsieur le baron, de vous transmettre un tableau divisé en trois colonnes, et contenant dans la première les noms des imprimeurs conservés, dont les places sont successibles; dans la seconde, le nom de ceux qui, ne devant pas avoir de successeurs, forment la classe des imprimeurs tolérés, qui pendant leur vie jouissent des mêmes droits et prérogatives que les imprimeurs conservés; et dans la troisième colonne, le nom de ceux qui ont cessé ou doivent cesser l'exercice de leur profession, soit pour cause de décès ou de renonciation volontaire, soit pour ne s'être pas conformés aux dispositions des décrets et règlements relatifs à l'imprimerie, soit pour d'autres motifs particuliers.

Vous trouverez ci-joints trente brevets destinés pour les trente imprimeurs compris dans les deux premières colonnes de l'état. Je vous prie de vouloir bien m'en accuser réception et de les faire passer, par l'intermédiaire de MM. les maires respectifs, aux personnes auxquelles ils sont destinés.

Quant aux imprimeurs portés sur la troisième colonne du même état, je viens de prescrire à M. Laurent, inspecteur de la librairie et de l'imprimerie de votre département, de se transporter chez chacun d'eux et de mettre les scellés sur leurs presses et leurs caractères, en les prévenant qu'ils pourront les vendre à leur gré, pourvu que cette vente ne soit faite qu'à des imprimeurs brevetés, ce dont ils devront justifier.

Recevez, etc.

Le Conseiller d'État, Directeur général
de l'Imprimerie et de la Librairie,

Baron DE POMMEREUL.

1. Le texte de l'arrêté du 11 mai 1811, qui a fixé le mode à suivre pour la réduction du nombre des imprimeurs pour chaque localité, ne se trouve pas également aux Archives de l'administration, par les mêmes motifs que pour l'arrêté du 9 juillet 1811 ; mais on trouve aux Archives de l'empire la lettre-circulaire du 22 novembre 1811, qui en reproduit toutes les dispositions et qui se trouve également dans les Archives des préfectures.

IX.

Lettre du Baron de Pommereul, adressée le 22 novembre 1811 au Préfet du Rhône, relative à la mise à exécution de l'arrêté du 9 juillet 1811, fixant le nombre des imprimeurs dans ce département[1].

Monsieur le comte, le nombre des imprimeurs actuellement existant dans l'Empire étant trop considérable pour être plus longtemps toléré sans nuire à l'art typographique, le décret impérial du 5 février 1810 a ordonné qu'il serait fixé ; mais Son Excellence M. le ministre de l'intérieur, ayant reconnu l'impossibilité d'indemniser ceux des imprimeurs qui auraient dû être supprimés, a en conséquence, sur mon rapport du 16 mai 1811, décidé, le 20 du même mois[2], la division en deux classes des imprimeurs des départements. La première est formée du nombre des imprimeurs fixé pour chaque département et du nom de ceux qui doivent entrer dans cette classe sous le titre d'imprimeurs conservés; la seconde classe est formée de ceux qui pourront exercer l'imprimerie leur vie durant, sans avoir de successeurs.

J'ai l'honneur, monsieur le comte, de vous transmettre un tableau divisé en trois colonnes, et contenant dans la première les noms des imprimeurs conservés, dont les places sont successibles; dans la seconde, les noms de ceux qui, ne devant pas avoir de successeurs, forment la classe des imprimeurs tolérés, qui pendant leur vie jouissent des mêmes droits et prérogatives que les imprimeurs conservés; et dans la troisième colonne, les noms de ceux qui ont cessé ou doivent cesser l'exercice de leur profession, soit pour cause de décès ou de renonciation volontaire, soit pour ne s'être pas conformés aux dispositions des décrets et règlements relatifs à l'imprimerie, soit pour d'autres motifs particuliers.

Vous trouverez ci-joint dix-neuf brevets destinés pour les dix-neuf imprimeurs compris dans les deux premières colonnes de l'état. Je vous prie de vouloir bien m'en accuser réception, et de les faire passer, par l'intermédiaire de MM. les maires respectifs, aux personnes auxquelles ils sont destinés.

Quant aux imprimeurs portés sur la troisième colonne du même état, je viens de prescrire à M. Bruysèt, inspecteur de l'imprimerie et de la librairie de votre département, de se transporter chez chacun d'eux et de mettre les scellés sur leurs presses et leurs caractères, en les prévenant qu'ils pourront les vendre à leur gré, pourvu que cette vente ne soit faite qu'à des imprimeurs brevetés; ce dont ils doivent justifier.

Recevez, etc.

Le Conseiller d'État, Directeur général de l'Imprimerie et de la Librairie,

Baron DE POMMEREUL.

1. Ce document se trouve dans les Archives de la préfecture du Rhône, à Lyon.

X.

Loi du 21 octobre 1814, relative au maintien du régime de l'imprimerie.

Titre II. *De la police de la presse.*

Art. 11. Nul ne sera imprimeur ni libraire s'il n'est breveté par le roi et assermenté.

Art. 12. Le brevet pourra être retiré à tout imprimeur ou libraire qui aura été convaincu, par un jugement, de contravention aux lois et règlements.

Art. 13. Les imprimeries clandestines seront détruites, et les possesseurs et dépositaires punis d'une amende de dix mille francs et d'un emprisonnement de six mois.

Sera réputée clandestine toute imprimerie qui n'aura pas été déclarée à la direction générale de la librairie, et pour laquelle il n'aura pas été obtenu de permission.

Art. 14. Nul imprimeur ne pourra imprimer un écrit avant d'avoir déclaré qu'il se propose de l'imprimer, ni le mettre en vente ou le publier, de quelque manière que ce soit, avant d'avoir déposé le nombre prescrit d'exemplaires, savoir : à Paris, au secrétariat de la direction générale, et dans les départements, au secrétariat de la préfecture.

Art. 15. Il y a lieu à saisie et séquestre d'un ouvrage : 1° si l'imprimeur ne représente pas les récépissés de la déclaration et du dépôt ordonnés en l'article précédent ; 2° si chaque exemplaire ne porte pas le vrai nom et la vraie demeure de l'imprimeur ; 3° si l'ouvrage est déféré aux tribunaux pour son contenu.

Art. 16. Le défaut de déclaration avant l'impression et le défaut de dépôt avant la publication, constatés comme il est dit en l'article précédent, seront punis chacun d'une amende de mille francs pour la première fois et de deux mille francs pour la seconde.

Art. 17. Le défaut d'indication, de la part de l'imprimeur, de son nom et de sa demeure sera puni d'une amende de trois mille francs.

L'indication d'un faux nom et d'une fausse demeure sera punie d'une amende de six mille francs, sans préjudice de l'emprisonnement prononcé par le code pénal[1].

1. Aux termes des articles 283 et 284 du code pénal, la peine de l'emprisonnement est de six jours à six mois ; mais, d'après ces articles, cette peine n'était applicable à l'imprimeur qu'autant qu'il ne faisait pas connaître l'auteur. Le présent article a aggravé l'article 284 du code pénal en l'appliquant sans exception à l'imprimeur.

Art. 18. Les exemplaires saisis pour simple contravention à la présente loi seront restitués après le payement des amendes.

Art. 20. Les contraventions seront constatées par les procès-verbaux des inspecteurs de la librairie et des commissaires de police.

XI.

Rapport de M. PELET de la Lozère, député, au nom de la Commission chargée d'examiner la Proposition de M. Benjamin Constant sur la liberté de l'imprimerie. (*Chambre des députés*, séance du 8 novembre 1830.)

Nous vous proposons de soumettre les imprimeurs à un cautionnement gradué suivant l'importance de la population. Les imprimeurs actuellement établis en seront exempts, pour ne pas donner un effet rétroactif à cette disposition : cet avantage qu'ils auront sur les nouveaux venus sera un faible adoucissement de la perte du privilége.

Ici se présente la question de l'indemnité réclamée par les imprimeurs brevetés : question difficile, parce qu'à côté du juste intérêt qu'inspirent des hommes laborieux et estimables déçus dans leurs espérances se trouve le devoir de n'imposer à l'État, c'est-à-dire aux contribuables, que les sacrifices qu'ils doivent supporter.....

Ce privilége est devenu un objet de commerce. Plusieurs de ceux qui le possèdent l'ont acquis de leur prédécesseur pour le prix de 25,000 francs et plus. Quel sera le sort de ces imprimeurs quand le privilége cessera? Plusieurs l'ont acquis tout récemment et n'en ont peut-être pas entièrement acquitté le prix. Leur vendeur pourra-t-il venir s'établir à côté d'eux, sans qu'aucune indemnité leur soit accordée ?

Nous n'avons pu envisager qu'avec peine ce résultat. Il est toujours fâcheux, même en travaillant pour l'intérêt général, de froisser les intérêts privés ; ce n'est pas le moindre mal que nous font les actes d'une mauvaise législation, que cette impossibilité d'en sortir sans léser ceux qui y ont associé leurs intérêts.

XII.

Opinion de M. BARTHE, député (depuis ministre de la justice et président de la cour des comptes), à l'appui d'un amendement proposé par lui pour faire payer une indemnité aux imprimeurs en exercice par les imprimeurs nouveaux venus. (*Chambre des députés* séance du 17 novembre 1830.)

Est-il vrai qu'en introduisant dans votre législation la liberté d'industrie appliquée à l'imprimerie vous deviez décider que les nouveaux établissements ne doivent aucune sorte d'indemnité à ceux déjà existants? Je pense que cette indemnité est due, qu'elle est due sans exagération, mais encore qu'il faut la consacrer. C'est l'objet de mon amendement.....

J'ajouterai encore que toute possession qui a payé ses avantages par des sacrifices quelconques, en se fondant sur une législation même mauvaise, devient une propriété. J'applaudis à l'introduction de la liberté dans la plus noble, dans la plus utile des industries; mais je crois qu'il est instant d'appeler, comme besoin de justice, le principe de l'indemnité au profit des anciens titulaires. C'est ce principe que je vous demande de consacrer dans la loi.

Il faut vous indiquer la véritable pensée de cette législation qui imposait aux imprimeurs conservés, même en province, un certain nombre de presses. Le gouvernement accordait ou refusait des brevets selon les nécessités; mais il n'en accordait aucun dans les villes où il y en avait en nombre suffisant pour le service. Quand on lui en demandait, il répondait qu'il y en avait suffisamment, et quoique ce motif fût quelquefois un prétexte, c'était au moins la raison avouée. C'est sur la foi de cette législation, vicieuse sans doute, que les imprimeurs de province ont acheté des brevets et des presses. Ces brevets sont entrés dans les relations de famille; des mariages se sont faits et des filles ont été dotées.

Dans cette situation, irez-vous dire par une loi : « Hier la loi vous con« damnait à tant de presses; aujourd'hui nous en paralysons une partie. Hier « la loi vous permettait de fonder des établissements sur un état de « choses qui avait sa légitimité; tout cela change aujourd'hui. »

XIII.

Opinion de M. DUPIN aîné, député (depuis président de la Chambre des députés et de l'Assemblée législative, et procureur général près la cour de cassation), en appuyant l'amendement de M. Barthe, relatif à une indemnité. (*Chambre des députés*, séance du 18 novembre 1830.)

Vous faites une loi, c'est-à-dire une règle générale pour le plus grand nombre de cas, et vous n'agissez pas sous l'influence de toutes les exceptions particulières. Quel est le principe de l'indemnité? c'est la possession. Un homme, en prenant la profession d'imprimeur, a employé ses capitaux, a acheté un matériel; nous lui donnons un concurrent, le concurrent doit indemniser cet homme qui s'est établi sur la foi de la législation existante. Le gouvernement n'a pas vendu aux notaires, aux avoués, leurs charges : il leur a donné des brevets; mais il s'établit par la possession une espèce de propriété. Il y a donc nécessité d'accorder une indemnité proportionnelle à tous les imprimeurs, suivant la population.

XIV.

Opinion de M. le baron Charles DUPIN, député (depuis sénateur de l'Empire), avant le rejet de la proposition de M. Barthe pour l'acquittement d'une indemnité. (*Chambre des députés*, séance du 18 novembre 1830.)

Dans l'état où est parvenu le vote de la loi, et surtout après votre décision qui vient de supprimer l'indemnité pour les imprimeurs actuellement en exercice, je crois important de présenter quelques observations. La loi n'offre maintenant qu'un tissu de mesures incohérentes et sans équité; je déclare qu'à mes yeux c'est une mauvaise loi. Je dis plus : c'est une loi pernicieuse, et qui va contre son but, d'être utile aux imprimeurs et aux ouvriers d'imprimerie [1].

XV.

Opinion de M. PIERRE LEROUX, membre de l'Assemblée nationale, au sujet de l'indemnité lors de sa proposition relative à un amendement additionnel à la Constitution pour la suppression du monopole de l'imprimerie. (*Assemblée nationale,* séance du 20 septembre 1848.)

Et il n'y a pas à m'objecter que les imprimeurs actuels, vivant du monopole et ayant un brevet, auront droit à des indemnités. Je répondrai à cela qu'assurément ils peuvent avoir droit à des indemnités; mais comme la Constitution n'est pas encore terminée, qu'elle n'est pas promulguée, le ministère a tout le temps de nous apporter un projet relativement à ces indemnités.

Et ce serait très-mal argumenter que de nous dire : « Vous allez violer « le principe de la liberté d'industrie, le principe de la liberté de la « presse ; vous allez établir une censure provisoire, la conserver, et tout « cela parce qu'il y a un monopole dont nous ne savons comment indem- « niser ceux qui le possèdent. »

Je réponds à ceci que le ministère sera par là mis en demeure de nous présenter un projet relativement à l'indemnité.

1. A la suite des paroles de M. le baron Charles Dupin, la loi fut rejetée par 193 voix contre 98.

XVI.

Rapport de M. VIVIEN, membre de l'Assemblée nationale, au nom de la Commission chargée du Projet de Constitution, à l'occasion de la Proposition de M. Pierre Leroux, relative à la liberté de l'imprimerie. (*Assemblée nationale*, séance du 20 septembre 1848.)

Vous comprenez que l'imprimerie se lie à la fois et aux intérêts de la liberté de la presse, et aux intérêts de la morale publique, et aux intérêts de la propriété littéraire. Enfin, à Paris, il y a des spéculations considérables, des entreprises d'une grande valeur, qui sont constituées sous l'empire de la législation actuelle. Si par une ligne insérée à l'improviste, et, j'ose le dire, témérairement dans la Constitution, vous veniez tout à coup détruire ce qui existe, vous jetteriez le trouble dans une industrie considérable.

Réservons cette question pour les lois organiques. Alors elle sera examinée avec l'attention qu'elle comporte; aujourd'hui, elle ne pourrait pas l'être. Nous demandons le rejet de l'amendement.

XVII.

Rapport de M. MOULIN, membre de l'Assemblée législative, au nom de la Commission chargée d'examiner la Proposition de MM. Dain et Michel, relative à la liberté de l'imprimerie. (*Assemblée législative*, séance du 14 février 1851.)

En principe, il appartient à la société de réglementer, pour en assurer l'usage, pour en prévenir les abus, toutes les industries qui touchent à l'ordre public et aux bonnes mœurs, d'en concéder ou d'en retirer l'exercice, dans des conditions déterminées. Or, est-il une industrie plus puissante pour le mal comme pour le bien, exerçant, suivant les circonstances où elle se produit, une plus heureuse ou une plus détestable influence sur l'ordre et les mœurs, que l'industrie de l'imprimerie et de la librairie? Est-il une responsabilité morale, ou même pécuniaire, plus nécessaire à reconnaître et à constater que celle de l'imprimeur et du libraire? La société a donc le droit d'intervenir, pour les autoriser, dans la désignation des personnes appelées à exercer ces deux professions. Telle est l'origine, parfaitement légitime, de la réglementation portée dans les articles 11 et 12 de la loi du 21 octobre 1814. Ce n'est pas un privilége, un monopole qu'elle établit dans l'intérêt et au profit d'un certain nombre de citoyens; c'est une garantie qu'elle impose, au seul point de vue de la sûreté générale.

Cette garantie a-t-elle dépassé la mesure? a-t-elle donné lieu à de véritables abus? a-t-elle arrêté le développement de l'imprimerie et de la librairie, comprimé l'essor de la presse? Les faits parlent plus haut que toutes les démonstrations.

Pendant les dix-huit années qu'a duré le gouvernement de juillet, un seul brevet d'imprimeur a été retiré, après de nombreuses condamnations : aussi dans la réaction qui s'attaquait après le 24 février à tous les actes de ce gouvernement, à tant d'institutions du passé, aucune voix ne s'éleva pour demander l'abrogation des articles 11 et 12 de la loi du 21 octobre 1814, qui ne fut pas comprise dans les nombreux décrets du gouvernement provisoire.....

Indépendamment des considérations contraires au principe et à l'opportunité de la proposition, resterait encore la difficulté pratique qui arrêta la Chambre des députés en 1830, qui l'empêcha d'adopter la proposition de M. Benjamin Constant, qu'elle avait déjà prise en considération.

Des établissements considérables d'imprimerie, de librairie, se sont formés sous la foi de la législation existante; des achats de matériel ont été faits; des engagements de toute nature ont été contractés. Pourriez-vous, sans indemnité, livrer à la concurrence les industries qui ont eu à s'imposer de tels sacrifices, de telles avances de fonds? L'indemnité ne serait-elle pas due, en droit rigoureux, tout au moins aux imprimeurs de Paris, qui furent astreints à payer, en 1811, chacun une contribution de 4,000 francs et un soixantième de la valeur estimative des presses au profit des imprimeurs supprimés? L'équité permettrait-elle de la refuser aux imprimeurs des départements, ainsi frappés dans leurs fortunes et leurs moyens d'existence?

XVIII.

Rapport de M. NOGENT-SAINT-LAURENS, membre du Corps législatif, au nom de la Commission chargée d'examiner le Projet de loi sur la presse. (*Corps législatif,* séance du 15 juin 1867.)

L'article 15 du projet de loi prononce la suppression sans indemnité du brevet d'imprimeur. Sa disposition range la profession d'imprimeur dans la généralité de l'industrie ordinaire. Il veut qu'elle profite du principe de la liberté industrielle.

Votre commission a demandé la suppression de l'article 15 et son remplacement par un article 15 nouveau que nous transcrirons plus bas. Il lui a semblé que la matière était trop grave pour être tranchée sommairement par un article annexé à un projet de loi sur la presse. Il lui a semblé qu'une modification aussi considérable, qui touche à une propriété qui paraît établie et respectée depuis soixante ans, celle des brevets, qui touche à une question d'indemnité, qui soulève des questions de responsabilité nécessaire de la part des imprimeurs, des questions de police et de surveillance dans l'intérêt social, que cette modification devait être l'objet d'un projet spécial. En conséquence, elle a demandé l'ajournement de la question et la suppression de l'article.

Le conseil d'État a repoussé la suppression de l'article 15. La commission persiste par les raisons suivantes :

L'imprimerie n'est pas une industrie ordinaire ; elle est la divulgation de la pensée humaine, elle est en contact quotidien par la publication avec la société tout entière : il n'est donc pas inutile de demander à l'imprimeur des garanties de moralité et de capacité professionnelle.

L'Empereur Napoléon Ier disait à une séance du conseil d'État du 12 décembre 1809 : « L'imprimerie est un arsenal qu'il importe de ne pas mettre à la disposition de tout le monde... L'imprimerie n'est point un commerce ; il ne doit donc pas suffire d'une simple patente pour s'y livrer ; il s'agit ici d'un état qui intéresse la politique, et dès lors la politique doit en être juge... Les imprimeurs doivent être assimilés aux notaires, aux avoués, qui n'entrent que dans les places vacantes et qui n'y entrent que par nomination. »

Au surplus, où est la réclamation sérieuse contre le régime actuel ? Qui demande la suppression des brevets ? Peut-on dire sans exagération que, de notre temps, la publication manque à la pensée ? Où est le profit de la suppression ?

Pour les imprimeurs, il y a une question de propriété soulevée par le décret du 5 février 1810 et la loi du 21 octobre 1814, qui ont organisé la propriété du brevet. La question d'indemnité vient se poser à son tour à côté de la question de propriété. En effet, lorsqu'en 1810 le nombre des imprimeurs fut réduit à Paris, les imprimeurs conservés durent payer une indemnité aux imprimeurs supprimés et acheter leur matériel.

Eh bien ! quand on est en face de cette législation, en face de ces circonstances, il semble téméraire d'abroger, par un article annexé à la loi sur la presse, toute cette possession d'état qui ne nuit à personne, qui paraît, au contraire, favorable à l'état général ; il nous a paru téméraire de briser instantanément les droits acquis d'une profession qui s'exerce à l'abri d'un serment et d'introduire tout à coup une liberté professionnelle, liberté factice que le pays ne demande pas, dont quelques-uns affirment l'utilité, mais dont le plus grand nombre affirme le danger.

Votre commission a donc persisté à demander la suppression de l'article 15 du projet et son remplacement par un article 15 nouveau, qui serait ainsi conçu : « Il sera accordé à tout gérant qui en fera la demande un brevet d'imprimeur exclusivement destiné à l'exploitation de son journal. »

Voici la portée de cet article. En supprimant l'autorisation préalable, nous avons voulu favoriser absolument la fondation et la publication des journaux. Or, il pourrait arriver qu'un journal, par des raisons politiques, ne pût pas trouver un imprimeur. Dans ce cas, et sur la demande du gérant, la concession d'un brevet serait obligatoire. Cet article a pour but de parer à des inconvénients pratiques qui, dans certains cas, pourraient diminuer l'effet de la suppression du principe de l'autorisation préalable.

Le conseil d'État a repoussé l'article 15 nouveau, qui a été maintenu par nous.

XIX.

Opinion de M. NOGENT-SAINT-LAURENS, membre du Corps législatif, au nom de la Commission comme rapporteur du Projet de loi sur la presse. (*Corps législatif,* séance du 13 février 1868.)

L'article 15 porte que les professions d'imprimeur et de libraire sont affranchies de l'obligation du brevet.

Personne n'ignore, j'imagine, que cette disposition a donné lieu à des réclamations très-nombreuses, qui sont parvenues à la commission et qui ont dû être accueillies avec le respect et l'intérêt que mérite toujours le langage des gens qui parlent avec les prérogatives de détenteurs d'une propriété qu'ils regardent comme véritable.

La commission était arrivée à la solution suivante : elle voulait proposer à la Chambre, contrairement à l'avis du gouvernement, de maintenir les brevets d'imprimeurs; mais, après avoir réfléchi davantage, il lui a semblé que les vérifications du droit exprimé n'étaient pas assez complètes pour qu'une décision de cette gravité pût être prise d'un trait de plume, dans un seul article annexé au projet de loi sur la presse.

En conséquence,la commission a pris le parti de demander à la Chambre l'ajournement de l'article 15, et de demander au gouvernement de vouloir bien faire une enquête sur la question du droit de propriété et sur la question d'indemnité.

La commission a pris la résolution de demander à la Chambre l'ajournement de l'article 15 et au gouvernement de vouloir bien procéder à une enquête sérieuse sur les intérêts les plus respectables, très-anciens, qui sont engagés à propos de la question de la propriété des brevets d'imprimeurs.

XX.

Opinion de M. PAMARD, membre du Corps législatif, en présentant un amendement pour accorder une indemnité aux imprimeurs. (*Corps législatif,* séance du 14 février 1868.)

Je voudrais bien qu'une fois pour toutes on ne se méprît pas sur l'intention que j'ai eue en proposant mon amendement; il m'a été inspiré par le respect de la propriété. Dans mon opinion, je crois que le brevet d'imprimeur est une propriété. Il est possible que je sois dans l'erreur; mais, pour moi, je crois que les imprimeurs sont réellement propriétaires de leurs brevets.

XXI.

Opinion de M. POUYER-QUERTIER, membre du Corps législatif, en présentant un amendement pour accorder une indemnité aux imprimeurs. (*Corps législatif,* séance du 14 février 1868.)

Les brevets des imprimeurs sont, à mon sens, une véritable propriété entre leurs mains, un véritable privilége, un véritable monopole qui leur a été accordé pour des causes d'intérêt social, d'intérêt général, d'intérêt gouvernemental.

Cette propriété date d'une manière certaine de 1811, époque où elle a reçu une base incontestable dans les lois du 5 février 1810 et du 2 février 1811, et c'est cette base que nous demandons à la commission de vouloir bien prendre en considération, en la priant d'en tenir le compte le plus sérieux, et d'indiquer dans le rapport qu'elle devra faire au Corps législatif la nécessité où elle s'est trouvée d'assurer dans le projet de loi la propriété qui est entre les mains des imprimeurs.

Cette industrie, messieurs, s'est formée à la suite de la révolution de 1789; elle a été libre jusqu'à l'époque que je viens d'indiquer, et elle a été réglementée en 1811, dans un intérêt social. Cette réglementation a consisté à réduire à Paris de trois cents le nombre des imprimeurs, environ à seulement quatre-vingts par les décrets que je viens de citer. Le gouvernement a trouvé nécessaire d'en éliminer deux cent vingt et de faire indem niser les deux cent vingt imprimeurs supprimés par ceux qui étaient conservés. Et non-seulement il a imposé le remboursement de cette indemnité aux imprimeurs conservés, mais il les a contraints, en outre, à acheter le matériel des imprimeries supprimées.

Eh bien! je dis qu'il y a là une base extrêmement sûre, extrêmement certaine, un droit de propriété incontestable que vous devez faire respecter dans la nouvelle loi. Il est évident que ces hommes qui ont depuis cette époque acquis des brevets, qui ont par conséquent reçu la transmission de la propriété ainsi constituée à prix d'argent, ont le droit de vous dire aujourd'hui : « Si vous nous expropriez pour une cause d'intérêt général, nous devons nous incliner, mais vous nous devez une indemnité. »

M. le ministre d'État disait hier qu'il était indispensable qu'une enquête fût faite pour établir les droits des imprimeurs et le chiffre de l'indemnité qui pourrait leur être due : pour moi, il ne peut y avoir de discussion que sur le chiffre d'indemnité dû et non sur le droit; et la commission, dans son rapport, l'a reconnu de la manière la plus positive, la plus nette, la plus claire. Par conséquent, je suis parfaitement d'accord avec elle sur le droit des imprimeurs à une indemnité pour la suppression de leur privilége, de leurs brevets; mais la question de chiffre est réservée à l'enquête qui sera faite par le gouvernement.

On a laissé hier discuter tous les amendements sur cet article. Je vous prie de nous laisser, à notre tour, exprimer notre opinion, afin que la commission puisse en tenir compte dans ses délibérations, car évidemment c'est dans son sein que doit se faire un pareil travail ; mais il faut pour cela qu'elle connaisse la pensée des auteurs de l'amendement. Eh bien! notre pensée, c'est qu'il y a un véritable droit de propriété, c'est qu'aujourd'hui le droit ne peut être contesté, et que, d'un autre côté, s'il y a enquête, cette enquête ne peut être faite que pour déterminer la quotité du remboursement dû aux imprimeurs et le système qui doit être adopté pour en atteindre loyalement le résultat.

XXII.

Opinion de M. PICCIONI, membre du Corps législatif, au sujet d'une indemnité pour les imprimeurs. (*Corps législatif,* séance du 10 mars 1868.)

Qu'est-ce qui est proposé à la chambre? l'abolition du brevet d'imprimeur. C'est sans contredit le gouvernement qui l'a proposée dans l'article 15 qui a été renvoyé à la commission. Pourquoi la Chambre ne s'est-elle pas associée à cette proposition? Par un sentiment que je trouve très-équitable : c'est que la Chambre a cru que c'était léser des droits qui étaient parfaitement acquis ou qu'elle croyait parfaitement acquis. Eh bien! aujourd'hui l'honorable M. Berryer et d'autres collègues font une proposition par laquelle ils trouvent le moyen de concilier tous les intérêts. Ce moyen qui vous est signalé, quant à moi je le trouve très-équitable. En effet, on me dit ceci : « Autorisez ou supprimez d'ores et déjà ces brevets « qui existent, et ensuite réservez les droits des intéressés jusqu'à la présen- « tation du résultat de l'enquête. » Je trouve cette proposition d'autant plus juste, je le répète, qu'elle sauvegarde parfaitement les intérêts de tous..... Je réserve tous les droits à l'indemnité.

XXIII.

Opinion de M. TROPLONG, ancien président du sénat et de la cour de cassation, relativement au droit de traiter de la démission d'un imprimeur. (*De la Vente,* n° 221.)

221. Un brevet d'imprimeur et de libraire est hors du commerce ; mais on peut traiter de la démission d'un imprimeur et d'un libraire. Caractère conditionnel de pareils marchés.

Nous plaçons aussi parmi les choses qui, par leur nature, sont hors du commerce un brevet d'imprimeur et de libraire.

Mais rien n'empêche qu'on traite avec un libraire ou un imprimeur en titre pour qu'il donne sa démission, car l'exploitation d'un brevet d'imprimeur ou de libraire est bien plus une entreprise commerciale que l'exercice d'un office. La nomination du prince n'intervient ici que par des raisons de haute police qui, pour ce genre de spéculation industrielle, ont fait une exception à la liberté du commerce. Il arrive presque toujours qu'en traitant de la démission d'un brevet d'imprimeur ou de libraire, on y joint la vente du matériel que ce brevet perméttait d'exploiter. Ces stipulations sont ordinairement conditionnelles : elles sont subordonnées à la concession du gouvernement, sans laquelle ce matériel serait improductif, ou du moins d'une valeur fort restreinte.

XXIV.

Opinion de MM. DEMOLOMBE et CARRÉ, professeurs à la faculté de droit de Caen. (*Mémoire pour les imprimeurs*, 1867.)

Le gouvernement n'a jamais revendiqué un droit de nomination indépendant et souverain; il n'a jamais isolé la concession du brevet de la vente faite par l'imprimeur ou ses héritiers; en un mot, il a agréé des successeurs, il n'a jamais imposé des acheteurs refusés. L'application progressive des véritables principes économiques peut exiger qu'on exproprie les imprimeurs de ce droit; mais la justice, qui est la compagne inséparable du vrai progrès, exige en même temps qu'on les indemnise.

XXV.

Opinion de M. MANDAROUX-VERTAMY, avocat au conseil d'État et à la cour de cassation. (*Lettre* à M. Villet-Collignon, imprimeur à Verdun, 12 juillet 1844.)

L'arrêté ministériel du 9 juillet 1811[1] doit en effet se confondre, ne faire qu'un avec l'article 3 du décret du 5 février 1810, qui ordonne à l'administration de fixer le nombre des imprimeurs dans chaque département; et si cet arrêté a fixé le nombre des imprimeurs de votre département de manière à ne laisser subsister dans votre ville que le seul titre dont vous êtes possesseur, il ne me paraît pas douteux que l'administration soit obligée à réparer le préjudice qu'elle vous a causé en violant elle-même l'arrêté de 1811 et le décret de 1810, par l'augmentation des imprimeurs de votre ville[2]; car le décret n'aurait aucun sens, s'il devait être

1. Cet arrêté fixait au nombre de deux celui des titres d'imprimeur à Verdun, l'un successible, l'autre à vie.

2. Lors de la réclamation de M. Villet-Collignon, une nouvelle création de brevet d'imprimeur venait d'avoir lieu à Verdun, contrairement à la loi.

entendu en ce sens que l'administration resterait maîtresse de réduire ou d'augmenter à sa volonté le nombre des brevets. Ce décret dit que le nombre des imprimeurs sera fixé dans chaque département à partir du 1er janvier 1811, c'est dire assez qu'une fois fixé, à partir de cette époque, ce nombre restera invariable, sauf innovations législatives.

XXVI.

Opinion de M. GROUALLE, président de la chambre des avocats au conseil d'État et à la cour de cassation. (*Mémoire pour les imprimeurs*, 1867.)

En 1810, des considérations politiques ont déterminé le législateur à substituer aux lois libérales de 1791 une loi restrictive, et les droits acquis n'ont pas été violés; le privilége a acquitté sa dette. Pendant près de soixante années, le gouvernement a autorisé, en s'inspirant des mêmes considérations et en vertu des pouvoirs que la loi lui avait conférés, des imprimeries brevetées qui ne sont pas moins légitimes et respectables entre les mains de leurs possesseurs actuels que ne l'étaient en 1810 les imprimeries libres qu'on allait supprimer. Le gouvernement, qui a volontairement constitué ces imprimeries, ne pourrait pas, sans excès de pouvoir, les anéantir. Le législateur doit aussi ne pas frapper sans réserve des droits fondés sur son œuvre ancienne. Et si de nouvelles considérations politiques conseillent le retour à des libertés revendiquées souvent et souvent redoutées, si les imprimeries brevetées doivent à leur tour faire place aux imprimeries libres, les imprimeurs actuels devront être indemnisés de la perte de leurs droits.

XXVII.

Opinion de M. Henri CELLIEZ, avocat à la cour impériale de Paris. (*Mémoire pour les imprimeurs*, 1867.)

L'indemnité est la conséquence nécessaire de la suppression des brevets, dont l'acquisition et la possession ont créé un droit dans la personne des titulaires. Cela est commandé par les grands principes de 1789, qui sont la base du droit public des Français, et par la constitution de 1852, fondée sur ces principes. Sur la foi du législateur s'est établie une propriété dont l'inviolabilité serait constitutionnellement placée sous la sauvegarde du Sénat, si elle pouvait être méconnue par le conseil d'État et par le Corps législatif.

XXVIII.

Opinion de la Chambre du Commerce de Chambéry.
(Séance du 2 octobre 1869.)

La suppression des brevets d'imprimeur et de libraire causerait-elle un préjudice sérieux aux détenteurs actuels des brevets? Quelles mesures pourraient être prises pour atténuer ce préjudice?

Oui; il serait juste en supprimant les brevets d'indemniser les imprimeurs et les libraires brevetés, en leur accordant une compensation par une certaine somme d'argent.

XXIX.

Opinion de la Chambre du Commerce de Bar-le-Duc.
(Séance du 8 octobre 1869.)

La suppression des brevets entraînerait l'obligation d'indemniser les titulaires actuels. N'ont-ils pas acheté leurs brevets et leurs presses sur la foi de la législation existante? Ne s'est-il pas établi, par l'effet d'une possession prolongée pendant 60 ans, une espèce de propriété qui a donné lieu à des engagements, à des transactions de toutes sortes? Les brevets sont entrés dans les partages des familles, sont devenus l'objet de contrats de vente multipliés, ont motivé des prêts, etc. Ne pas admettre le principe de l'indemnité, ce serait jeter le trouble dans une industrie considérable. L'indemnité devrait être proportionnelle au dommage causé. On pourrait, pour la déterminer, admettre des bases analogues à celles qui ont servi à la liquidation des indemnités dues aux titulaires des offices de courtiers de marchandises.

XXX.

Opinion de la Chambre du Commerce de Tours.
(Séance du 19 octobre 1869.)

La chambre estime que la suppression des brevets d'imprimeur favoriserait la clandestinité et la contrefaçon, et porterait atteinte à la propriété littéraire.

Elle émet donc l'avis que les brevets soient conservés, mais que tout Français jouissant de ses droits civiques puisse en obtenir un et fonder une imprimerie, à la charge de verser au Trésor le prix de la concession qui lui est faite, lequel prix serait réparti également entre les anciens imprimeurs de l'arrondissement ayant acheté leur brevet.

Le prix des brevets serait fixé par l'administration pour chaque arrondissement, après avis d'une commission spéciale.

XXXI.

Opinion de la Chambre du Commerce de Besançon.
(Séance du 10 novembre 1869.)

Les brevets délivrés sous le bénéfice du décret de 1810 et de l'ordonnance de 1814, constituent au profit des titulaires d'offices d'imprimerie une propriété dont ils ne pourraient être dépossédés sans la juste et préalable indemnité que garantissent nos lois sur l'expropriation.

La chambre ne suppose pas qu'il soit possible d'élever à cet égard le moindre doute. L'analogie avec ce qui s'est passé pour les titulaires d'offices de courtiers est d'ailleurs ici complète et entière. Aussi est-ce sous la réserve expresse d'une équitable indemnité arbitraire comme il conviendra, en faveur des possesseurs de brevets d'imprimeurs et de libraires, que la chambre formule le vœu du retour au droit commun.

Par l'effet de l'expression de ce vœu, la chambre n'a plus à discuter les diverses considérations administratives ou économiques qui ressortiraient du questionnaire officiel.

XXXII.

Jugement du Tribunal du Commerce de Paris, relatif à la propriété du brevet d'imprimeur. (Séance du 20 novembre 1868.)

Attendu que, par sa faillite, X... a été dessaisi de l'administration de tous ses biens; que le brevet d'imprimeur dont il est titulaire a été acheté à prix d'argent, qu'il est ainsi un des éléments du passif et fait au même titre partie de l'actif;

Qu'un droit exclusivement attaché à la personne, tel qu'un diplôme de pharmacien, meurt avec le titulaire, tandis que le brevet d'imprimeur lui survit;

Qu'à raison de son état de faillite, X... ne pourrait aujourd'hui exploiter lui-même son brevet; que les créanciers ont fait confiance à X... non-seulement à raison de sa position commerciale, mais encore de la valeur vénale représentée par le dit brevet; que la prétention de X... de conserver son brevet ne tendrait à rien moins qu'à détourner à son profit une partie de son actif;

Qu'au surplus, par son concordat en date du 23 janvier 1867, il a affecté le brevet dont s'agit comme garantie spéciale des engagements qu'il prenait; que, n'ayant pas rempli ses obligations, il ne peut aujourd'hui reprendre sa garantie;

Qu'en conséquènce il y a lieu de dire que X... est aujourd'hui dessaisi de la propriété de son brevet et que, sous l'agrément de l'administration, le syndic est autorisé à en disposer au profit de la masse :

Par ces motifs,

Le Tribunal, jugeant en premier ressort,

Ouï M. le juge-commissaire de la faillite en son rapport oral,

Dit que le brevet d'imprimeur de X... est devenu la propriété de la masse de ses créanciers, qui seule peut en disposer sous l'agrément de l'administration;

Autorise le syndic à traiter de la propriété dudit brevet et à présenter à l'administration tous successeurs, en se conformant aux lois et règlements administratifs;

Dit que les dépens seront employés en frais de syndicat.

XXXIII.

Adresse de la Société centrale républicaine au Gouvernement provisoire[1]. (1er mars 1848.)

Citoyens, la victoire du peuple a brisé les lois oppressives qui étouffaient la parole à la presse. Il faut que les résultats de cette victoire soient formulés en décrets authentiques. Une fois déjà, en 1830, le peuple avait renversé du pied le vieil arsenal de la tyrannie; mais, dans sa noble confiance, il avait oublié d'en faire brûler les débris. On l'a trompé. Un pouvoir parjure a ramassé une à une les armes restées intactes, et avec ces armes il en a formé de plus meurtrières. Nous avons le ferme espoir que le gouvernement sorti des barricades de 1848 ne voudra pas, à l'exemple de son devancier, remettre en place, avec chaque pavé, une loi de compression. Dans cette conviction, nous venons offrir au gouvernement provisoire notre concours pour la sérieuse réalisation de la belle devise : Liberté, Égalité, Fraternité.

Nous demandons que le gouvernement décrète immédiatement comme résultat de la victoire du peuple :

1° La liberté complète et illimitée de la presse;

2° La suppression absolue et irrévocable des cautionnements, des droits de timbre et de poste;

1. Cette adresse, qui a été reproduite dans l'ouvrage intitulé les *Murailles révolutionnaires*, a été discutée et votée dans la quatrième séance de la Société centrale républicaine, le 1er mars 1848, salle Valentino.

3° La liberté entière de circulation des œuvres de la pensée, par toutes les voies possibles, par l'affichage, le colportage, les crieurs publics, sans restriction ni entraves quelconques, sans nécessité d'autorisation préalable;

4° La liberté de l'industrie des imprimeurs et la suppression de tous les priviléges représentés par les brevets, toutefois avec remboursement de ces brevets;

5° L'irresponsabilité absolue des imprimeurs pour tout écrit dont l'auteur est connu.

Nous ne croyons pas, citoyens, que le gouvernement provisoire puisse opposer à notre demande une fin de non-recevoir tirée de l'insuffisance de ses pouvoirs. Le peuple vous a délégué sa souveraineté. C'est au nom de sa souveraineté que vous avez prononcé la déchéance d'un roi, c'est en son nom que vous rendrez les décrets sollicités de votre patriotisme.

Les membres du bureau de la Société centrale républicaine :

BLANQUI, président; DURRIEU, RAISANT, HERVÉ, N. CHANCEL, SOBRIER, GRAFFIN, BOUNIER, GOUTHIÈRES, DALICANT, HUILLERY.

XXXIV.

Circulaire de M. le Ministre de l'Intérieur, adressée le 3 juin 1868 aux Préfets, relative à la mise à exécution de la loi du 11 mai 1868 sur la presse.

Tout gérant de journal sera autorisé, lorsqu'il le demandera, à avoir une imprimerie réservée exclusivement à l'impression de son journal. Le législateur n'a point encore tranché la question du monopole ou de la liberté de l'imprimerie; mais il a voulu qu'avant cette solution définitive le journaliste fût toujours certain d'avoir un imprimeur. Il promet dès lors une autorisation, et le gouvernement ne saurait la refuser, pas plus au gérant du journal industriel ou littéraire qu'au gérant du journal purement politique. Cette imprimerie ne saurait d'ailleurs être détournée de son but; elle n'est créée que pour assurer la libre fondation du journal; elle ne doit imprimer que ce journal lui-même ou ce qui est un élément essentiel de sa publication, comme le prospectus, l'affiche, les bandes d'envoi, les quittances d'abonnement. Elle ne saurait aller au delà sans empiéter sur des établissements actuellement en exercice et dont le monopole est encore maintenu par les lois existantes.

XXXV.

Circulaire de M. le Ministre de l'intérieur, adressée le 4 septembre 1869 aux Préfets, relative à l'Enquête sur le régime de l'imprimerie et de la librairie.

Monsieur le préfet, pour répondre à un engagement pris avec le Corps législatif dans la discussion de la loi du 11 mai 1868 sur la presse, j'ai institué à mon ministère une commission chargée d'étudier les questions relatives au régime de l'imprimerie et de la librairie, et de s'enquérir des modifications qui pourraient être utilement introduites dans la législation et la réglementation de ces industries.

Mais pour que cette enquête produise tous les résultats qu'on doit en attendre, il importe que la question soit examinée dans tous les départements au point de vue des besoins de chacun d'eux.

Je vous invite, en conséquence, à vous mettre en communication, dans le plus bref délai, avec toutes les personnes qui pourraient donner des avis utiles dans cette circonstance.

Pour vous indiquer en traits généraux les points principaux sur lesquels vous aurez à vous prononcer, je vous transmets, avec le document ci-joint, un questionnaire que j'ai fait préparer à cet effet.

Vous voudrez bien me faire parvenir les résultats que vous aurez obtenus dans les premiers jours d'octobre, au plus tard.

Recevez, etc.

Le ministre de l'intérieur,

DE FORCADE.

Questionnaire adopté.

1° Quelles sont les modifications qui peuvent être utilement introduites au titre II de la loi du 21 octobre 1814, concernant les brevets d'imprimeur et de libraire?

2° Convient-il de maintenir l'obligation du brevet pour l'exercice de la profession d'imprimeur?

3° Convient-il de maintenir l'obligation du brevet pour l'exercice de la profession de libraire?

4° Quelles sont les garanties qui pourraient être substituées à l'obligation du brevet?

5° Conviendrait-il d'exiger des imprimeurs ou des libraires une déclaration préalable, un cautionnement ou certaines règles professionnelles qui fissent obstacle à l'établissement d'imprimeries ou librairies clandestines?

6° La profession de libraire devrait-elle être constituée de manière à ne pouvoir s'exercer concurremment avec d'autres professions tout à fait étrangères à la vente des livres?

7° La suppression des brevets d'imprimeur et de libraire causerait-elle un préjudice sérieux aux détenteurs actuels des brevets? Quelles mesures pourraient être prises pour atténuer ce préjudice?

8° La propriété littéraire pourrait-elle souffrir quelque atteinte de la suppression des brevets d'imprimeur ou de libraire? Serait-il nécessaire d'établir certaines garanties nouvelles pour faire respecter le droit des auteurs?

9° Quelle influence la suppression des brevets d'imprimeur ou de libraire pourrait-elle exercer sur le colportage?

10° Quelles sont les modifications qui pourraient être introduites dans le régime du colportage pour en régler la pratique et en empêcher les abus?

www.ingramcontent.com/pod-product-compliance
Ingram Content Group UK Ltd.
Pitfield, Milton Keynes, MK11 3LW, UK
UKHW020956180726
13838UKWH00003B/1362